航行情緒海洋

與孩子共渡心靈成長

情緒像雲霄飛車
控制好方向才能暢通無阻
在孩子成長的路上
家長的角色至關重要

★ 孩子，你／妳到底在想什麼？
★ 想成為孩子真正的朋友，卻無從下手？
★ 青春期的情緒就像天氣變化多端，好難溝通？

呂建華 著

心靈成長的過程中，家長的陪伴不可或缺
幫助孩子在人生的每個關卡都找到內心的力量

目錄

前言

第一章　認知情緒

　　第一節　辨識兒童的情緒 …………………………………… 010

　　第二節　區分兒童的情緒 …………………………………… 018

　　第三節　發揮兒童情緒的功能 ……………………………… 024

　　第四節　兒童情緒的科學觀 ………………………………… 028

第二章　情緒與兒童一起長大

　　第一節　0～3歲嬰幼兒的情緒發展特點 ………………… 034

　　第二節　3～6歲學齡前兒童的情緒發展特點 …………… 039

　　第三節　6～12歲小學階段兒童的情緒發展特點 ……… 044

　　第四節　青春期早期兒童的情緒發展特點 ………………… 050

　　第五節　情緒智力、情商與智力 …………………………… 054

第三章　「教養」情緒 —— 兒童情緒的調節

　　第一節　父母元情緒 ………………………………………… 065

　　第二節　和情緒成為朋友 …………………………………… 069

目錄

　　第三節　向情緒坦誠心事 …………………………… 074

　　第四節　情緒調節 ABC 理論 ………………………… 085

　　第五節　留出兒童和情緒的相處空間 ………………… 092

　　第六節　讓情緒「動」起來 …………………………… 098

　　第七節　延遲滿足與情緒調節 ………………………… 107

　　第八節　情緒化學習與情感化學習 …………………… 112

第四章　兒童的基本情緒

　　第一節　快樂 —— 笑起來的祕訣 …………………… 122

　　第二節　憤怒 —— 我擁有火山的開關 ……………… 130

　　第三節　悲傷 —— 我也會因為失去而難過 ………… 140

　　第四節　恐懼 —— 害怕和勇敢都是學來的 ………… 149

第五章　兒童的複合情緒

　　第一節　焦慮 —— 焦慮並不存在 …………………… 160

　　第二節　依戀與愛 —— 其實不只愛你 ……………… 168

　　第三節　敵對 —— 需要一個敵人 …………………… 177

　　第四節　憂鬱 —— 告訴我，發生了什麼 …………… 185

　　第五節　自我意識情緒 —— 誰才最了解我 ………… 189

第六章　情緒的特殊情況

　　第一節　突發性特殊事件中的情緒……………………… 204

　　第二節　心理異常狀態中的情緒…………………………… 214

　　第三節　人格特質與情緒…………………………………… 224

結語

目 錄

前言

如果問一個兒童，你今天過得怎麼樣？不論他的回答是「還不錯，今天滿開心的」，還是「別提了，今天很倒楣，被老師罵了」，抑或是「還可以吧，也沒有什麼事，滿普通的」，提問者總會從他的表情、語氣和動作中，接收和領悟出一種情緒，來判斷他的真實感受。這種方法不僅適用在兒童身上，也同樣可以用於判斷成人的真實感受。因為情緒與生俱來，也伴隨終生，從剛出生的嬰兒到耄耋老人，每個人都會產生情緒。情緒更真實地反映人們的感受，同時也在影響人們的行為。正向的情緒（如開心、愉快、滿足等）可以帶給人們正向的感受，提高學習能力和活動能力，促進人際交往和身心健康。負向的情緒（如憤怒、痛苦、憂傷等）則降低人們的主動性和學習興趣，嚴重時甚至會影響社會適應程度和身心健康情況。

因此，在家庭教育和學校教育中，尤其以兒童的情緒狀態為關注的焦點。家長和學校教育者希望能夠運用各種理論技巧，從更早的階段辨識和調節兒童的情緒狀態，消除兒童的負向情緒，全面了解兒童的感受，從而引導兒童正確認知和表達自己的情緒，學會管理和調節情緒，更好地成長。

人類接觸到客觀事物時所產生的態度感受和相應的行為反應，就是心理學中對「情緒」的定義。人類和動物都會產生情

前言

緒感受，情緒簡單又複雜。家長能夠很快捕捉到孩子的情緒變化，但是大多數時候難以理解孩子當下情緒發生和變化的原因。孩子需要時隨時保持開心和愉悅嗎？如果孩子總是很平淡地對待發生的事情，是孩子太遲鈍嗎？當孩子哭鬧、害怕、大發脾氣的時候，有最佳的調節時機嗎？什麼時候採取強制策略？什麼時候採取妥協策略？有沒有兒童情緒調節的關鍵期？怎麼讓孩子不這麼自私？怎麼鼓勵孩子更勇敢果斷一些？

關於兒童情緒，心理學和教育學領域有很多的研究與探索，要解答上述這些問題，首先需要認知和了解情緒的特點，理解情緒是如何產生和怎麼發展的。情緒伴隨著兒童年齡的增長而不斷發展，它與孩子一起長大。與其說家長和教育者是在引導孩子馴服它，不如說是在鼓勵孩子結交它。養育孩子的過程，其實就是在養育孩子的情緒。喜、怒、哀、樂，嫉妒和自豪，悲痛和興奮，都是孩子需要感受的。每種情緒不止一種功能，在孩子的成長過程中也都不可缺少。兒童的正向情緒和負向情緒都不可避免，沒有人從未悲觀，也沒有人能夠永遠樂觀。

本書將分享關於兒童情緒的發生、發展、調節等方面的內容，協助家長和教育者在陪伴孩子成長的過程中，從更多的角度認知和理解兒童情緒，發現更多與兒童的各種情緒相處的方法。

第一章
認知情緒

第一章　認知情緒

第一節　辨識兒童的情緒

嬰兒出生後會發出啼哭的聲音，詩人將此描繪成「人生，從自己的哭聲開始」。然而每個父母都知道，這個啼哭的聲音，並不是嬰兒在表達悲傷和難過的情緒，它背後有著生理學的原理：嬰兒出生後第一次呼吸，胸廓伸張，氣體吸入排出的過程衝擊了嬰兒的聲帶，因此產生哭聲。從嬰兒出生的那一刻開始，父母就逐漸掌握了辨識嬰兒情緒的能力。從嬰兒的表情、聲音特點、時間判斷嬰兒是在表達生理需求還是在表達舒適與否。當孩子逐漸長大，父母還需要隨時判斷兒童情緒的真假，到底是傷心委屈的欲哭無淚，還是純粹誇張的「雷聲大，雨點小」。父母和成人養育者判斷與辨識兒童情緒是否發生，通常依據的是與兒童相處過程中的經驗。然而經驗判斷受到與兒童相處時間的長短，以及相處時的關注程度影響。當孩子來到學校、當孩子在戶外玩耍、當孩子結交了朋友、當孩子觀看了影片或者故事，孩子的情緒反應和表現往往會超出父母和成人養育者的已有經驗。這時可能會發生誤判。

其實，情緒是一種心理活動，是當人類接觸到客觀事物時所產生的態度感受和相應的行為反應。心理學家發現一個完整的情緒感受過程由三個部分組成：主觀感受、生理喚醒和外在行為。當情緒發生時，人們會產生一種主觀感受，從主觀角度

第一節　辨識兒童的情緒

表達出此刻的情緒感受是正向愉悅，還是負向悲傷；與此同時，還會有生理的變化，血液循環、呼吸心跳、肌肉神經都會不受控制地發生種種變化；此外，情緒還會伴隨外在行為，如不同的面部表情和身體姿勢。情緒的三個組成部分缺一不可，不論成人還是兒童，只有其一或者其二的部分發生，都不是真的情緒。因此，在辨識兒童的情緒時，可以觀察兒童這三個方面的情況。

情緒的第一個組成部分是主觀感受，也就是情緒感受。不同的事物引發不同的情緒感受，同一個事物有時會引起不同人的相同感受，有時會引起不同人完全相反的情緒感受。通常情況下，情緒的主觀感受由人們的自我報告表達出來。從嬰兒階段開始，在無法用語言描述的時候，嬰兒會用笑容和哭聲表達主觀的感受。到了兒童階段，兒童逐漸使用語言表達當前感受到的是愉悅或是悲傷。父母會在對話中詢問兒童「是不是很生氣？」、「是不是有點孤單？」因此，父母很容易掌握很多兒童喜歡的和厭惡的事物，在必要時會用來與兒童溝通以達到某種目的。例如，冰淇淋、蛋糕、遊樂場等會引起兒童的正向情緒；牙醫、黑暗、責罵等會引起兒童的負向情緒。

由於主觀感受來自於兒童的自我表述，有時也導致成人養育者對兒童的情緒判斷並不準確。因為每個人的情緒主觀感受標準不相同。同一個班級裡的兒童，年齡一致，聽到教師宣布要打預防針的時候，都會緊張，如果讓他們按照 0～10 分的緊

第一章　認知情緒

張程度評分，評分結果不盡相同。即使給出同樣分數的兩個兒童，他們之間的緊張程度也不能簡單地被評定為是同等程度。因為每個兒童對緊張的感受和承受程度是不同的，承受程度高的兒童自評分數可能會低，承受程度低的兒童自評分數可能會高。這也使得父母或者成人養育者有時對兒童報告的情緒主觀感受產生疑惑，為什麼這麼小的刺激，會讓兒童有這樣激烈的情緒，是否是兒童在誇大？為什麼這麼大的刺激，兒童反而沒有預想中劇烈的情緒反應，是否兒童情緒感受遲鈍？即使由於同樣的情境背景（教師宣布要打預防針），導致同一個班級的兒童產生焦慮情緒，對於每個兒童而言，誘發焦慮的具體刺激也會有很大的不同。有的兒童是因為害怕打針的疼痛而緊張；有的兒童是因為不理解預防針是什麼而對未知的緊張；有的兒童是因為身邊的同學們都在緊張被感染而緊張。而對於同一個兒童，在不同的時間點和地點，要打預防針所導致的緊張程度也會有所變化。譬如，兒童和信任的父母或成人養育者在一起，兒童第一個打預防針和最後一個打預防針的狀態是不一樣的等等。人們的情緒主觀感受因人而異，尤其是對情緒主觀感受更加敏感的兒童，使得在辨識兒童情緒時有很大的難度，尤其不能夠單純地從語詞的表面意義判斷，還需要父母和成人養育者結合更多的資訊綜合判斷。

不過，有一個好消息是，有心理學研究人員發現，情緒主觀感受與需求和動機有很大的關聯。這代表著凡是符合人們需

第一節　辨識兒童的情緒

求的事物，引起的是肯定的、正向的情緒；那些不符合人們需求的事物，引起的是否定的、負向的情緒。儘管無法從兒童的表述中簡單判斷，但是，如果兒童表達出某種情緒感受，父母可以考察和評估誘發情緒的事物與兒童的需求和動機之間的關聯，判斷其是否符合邏輯，以協助辨識和理解兒童的情緒。

情緒的第二個組成部分是生理喚醒，主要是指情緒發生時伴隨的身體內部的變化。很多研究人員發現，當情緒發生時，人們的體溫、心跳、血壓、呼吸頻率、內分泌、肌肉等都會發生變化，而且這種變化不受主觀意識控制，是身體在自主神經系統的調節下發生的。因此，情緒生理喚醒也是與生俱來的，不論兒童還是成人，都會發生。

已有研究顯示，恐懼會使外周血管收縮，心率和血壓上升，口腔發乾，毛髮直立（即起雞皮疙瘩）；憤怒會使心率和呼吸頻率增加，手指溫度上升，比較容易出現短暫的心肌缺血（如憤怒引發心臟病）；焦慮時人體的心率和血壓上升，呼吸快速、不規律，皮膚電導上升等等。儘管不同的情緒會有不同的生理喚醒和變化，但是所喚醒的生理指標多有雷同，比如，焦慮和愉悅都會引起心跳加速，憤怒和恐懼都會提高呼吸的頻率；憤怒和幸福都會帶給上肢某種生理變化，體溫上升；沮喪和悲傷都會使下肢的活動減少，腿和腳出現麻木等。兒童和成人的生理指標隨時都在變化，用於調節人體適應環境中的溫度、溼度、含氧量等，當情緒發生，這些生理指標會迅速地發生變

第一章　認知情緒

化，有時並不需要藉助儀器也清晰可見。研究人員發現，不同情緒的生理喚醒由於相互重疊，是不能準確區分不同情緒的每種生理變化的，但是不同情緒在同一個生理變化上的喚醒程度是明顯不同的。這意味著，如果只是根據生理變化的情況，無法準確反推當前的情緒種類，但是可以知道當下的情緒強度，甚至可以透過提高或者降低某個生理變化，達到緩解情緒強度的目的。因此，成人養育者無法單純地以生理變化來定義兒童的情緒，但是可以根據不同情緒的生理喚醒程度，了解每種情緒對兒童的身心影響，獲得兒童情緒的調節方法。

關於情緒生理喚醒方面的研究，和我們常說的「怒傷肝、喜傷心、憂傷肺、思傷脾、恐傷腎」內容一致。這也表明一旦人們長時間地處於某種情緒狀態，就會影響身體健康狀態。兒童階段，人體的臟器器官、骨骼肌肉等都還在發育過程中，情緒自然成為影響兒童健康的因素之一。在生活中，情緒往往不是單一發生的，有時幾種情緒感受交織在一起。持久的、不能自我調節的負面情緒削弱了兒童的健康。一種比較常見的被持久負面情緒影響的情境是壓力狀態。兒童期的主要任務是學習，父母與兒童的教養也離不開學習話題，幾乎每個兒童都在面對學業壓力。壓力誘發的往往是恐懼、憤怒、悲傷交織的情緒。研究發現，壓力感受與免疫系統的活動和喚醒有關。短期的壓力（如考試前的壓力），兒童會出現失眠、發燒、活動力降低、食慾下降的情況，雖然看上去兒童的狀態與平時有所不同，父

第一節　辨識兒童的情緒

母通常會擔心，但是這些表現是免疫系統活動增強的結果，免疫系統活動增強是為了提供身體能量、抵抗疾病。從生理指標的角度來看，父母此時可以不必擔心，也可以透過其他提升兒童免疫力的方式適當緩解兒童身體的狀態，如提供充足的水分和營養。但是長期的壓力狀態，反而會降低免疫系統的活性，此時兒童生病的可能性增加。處於持續的學業壓力下的兒童，更容易生病。當然，這個對比在於每個兒童自己，並非不同的兒童個體之間。可見，成人養育者往往關注兒童的負面情緒，擔憂負面情緒的影響，也是在所難免。在情緒生理喚醒的層面上，正面的情緒也具有緩解負面情緒的作用。正面情緒的生理指標變化相對較小，但是可以幫助身體從正在發生的負面情緒引起的生理指標的增加中恢復到平常狀態。成人養育者通常會在兒童哭泣悲傷的時候，給予擁抱和禮物，用各種方式激起兒童的開心和愉悅。這也是合理有效的調節情緒的方法。只是難度在於無法判斷哪種愉悅的程度可以抵消當前的悲傷、憤怒和憂鬱。一顆糖果的驚喜和邁下樓梯的恐懼，言語誇獎的滿足和在陌生人面前表達的焦慮，擁抱傳遞的關愛和錯失運動會第一名的沮喪……對於不同的兒童，情緒的主觀感受又有不同，這帶給父母和成人養育者新的困擾。

　　情緒的第三個組成部分是外在行為，通常是指語音語調、面部表情和身體姿勢。情緒的外在行為是情緒表達的重要途徑。當情緒感受發生時，人們很少直接說出當下情緒的主觀感

第一章　認知情緒

受，也不會統計情緒引發的生理喚醒，而是透過語氣、表情和肢體動作表達出來，從而獲得安慰、支持、肯定、道歉等回饋。情緒表達實現了與外界溝通的目的。嬰兒天生就會透過外在行為表達情緒，如微笑、皺眉、四肢蹬動等。嬰兒出生後可以表達出開心、驚訝、恐懼、憤怒、興趣和悲傷，這些情緒屬於本能，不需要學習和教導。隨著兒童逐漸長大，對骨骼肌肉的控制逐漸熟練，表情和肢體動作也開始受到調節與控制，兒童會透過成人的回饋和引導，學習在特定的情境下控制不合適的情緒，在適合的情境中表達符合社會化的情緒，甚至學會了誇張、謊報和隱瞞情緒。當兒童第一次來到幼稚園，因為與父母分離的焦慮、對陌生環境的恐懼，兒童會流淚、喊叫、抱著父母，極力地表達此刻的痛苦和排斥。父母們有的溫柔安慰，有的故作冷酷，有的順從兒童的要求帶其回家，有的試圖用語言或道理和兒童達成協議。兒童也會不斷嘗試和學習，誇大哭聲和情緒動作，或是停止肢體動作，運用更多的表情，或是終止情緒表達和釋放。兒童會根據父母的回饋，逐漸學會自己的哪種情緒可以獲得父母和成人養育者的關注與回饋。有人將父母與孩子之間的關係形容成一種博弈，而在情緒方面，兒童就是在父母的回饋中，透過情緒的外在行為表現學會了調節情緒，父母也通常更多地透過外在行為判斷兒童的情緒狀態。

　　比起主觀的自我報告，人們更相信客觀的行為觀察。在情緒表達的過程中，心理學家發現語言只能傳遞不到10％的資

第一節　辨識兒童的情緒

訊，90%的資訊透過聲音語調和肢體語言表達。在同樣的社會文化中，肢體語言，尤其是表情，是成人與兒童共有的特點。關於表情的編碼研究成為人們試圖破解他人情緒的密碼。人們統計微表情的表達資訊，分辨犯人和異己者。當然很多父母和成人養育者也希望能夠掌握一定的表情線索，辨識兒童的謊言、隱藏情緒。譬如，癟嘴、手扶額頭表示對自己說的話沒有信心，代表犯錯、羞愧和慚愧；摸鼻子代表有所隱瞞，想要掩飾；真心的微笑者在眨眼睛表示想到了開心的事情；眼角沒有皺紋多半是假笑；說謊時眼神和手指方向不一致，有摸脖子之類的機械動作。行為學家的確給出了很多資訊，但是並非人人都能熟練掌握。

當語言和外在行為相矛盾的時候，人們相信外在行為比語言本身表達出更多的資訊。語言本身並非情緒的主觀感受，只是表達的訊號之一。如果在操場邊看到一個握緊拳頭、流淚的男孩，人們的情緒判斷會傾向於是悲傷。如果這個男孩穿著球衣，在賽場上剛剛打完一場比賽呢？也許判斷會是喜極而泣和激動。如果男孩所在的球隊失敗了，或者男孩是一直沒有機會上場的替補隊員呢？如果男孩語氣興奮地說「我沒事」呢？父母在辨識和觀察兒童情緒的時候，可以參考並藉助外在行為表現，但是也不能忽略兒童表達的主觀感受，這個自我報告不是簡單的「我很好」、「我很痛苦」之類的形容，而是「我現在很內疚」、「我很開心」、「我害怕」之類具體的情緒分類。

第一章　認知情緒

第二節　區分兒童的情緒

　　父母是敏感的，即使兒童沒有明顯的外在行為，父母也會覺察到孩子情緒的變化。我們分類兒童情緒，一方面可以幫助兒童更加清晰地認知和表達自己的感受；另一方面也可以使父母更加理解兒童的感受，不會出現誤會，最終完成情緒調節。心理學家為了便於研究，按照各自的研究正規化，有不同的情緒分類方法，本節將介紹三種便於成人養育者理解兒童情緒特點的分類方法，以及情緒的三種狀態。

　　情緒的第一種分類方法：正向情緒和負向情緒。根據情緒所造成的影響與結果，凡是促進問題解決，對人的行為有助力作用的，歸類為正向情緒；凡是阻礙問題解決，對人的行為有減力作用的，歸類為負向情緒。在通常的情況下，正向情緒包括開心、愉悅、自豪、滿足、平和、興奮等；負向情緒包括恐懼、氣憤、懊悔、憂鬱、沮喪等。這種分類方法是父母和成人養育者經常使用的。如果讓父母列舉自己的孩子曾表現出的正向情緒和負向情緒，父母很快就可以給出答案。父母在教養的過程中，一直致力於將兒童的負向情緒轉變為正向情緒。逐一比較一下父母列舉的每種情緒的影響結果，就會發現，滿足的情緒也會引起孩子的懈怠，對某次考試失誤的懊惱也能促進孩子的認真複習。情緒影響和情緒引起的個體感受是不同的，那

第二節　區分兒童的情緒

些愉快和開心有可能導致負面的影響，那些痛苦和悲傷也有可能帶來正面的影響。父母在認知兒童情緒的時候，如果採取此種分類方法，須注意分類標準是對行為產生的影響，避免陷入兒童只能開心、不能傷心的調節失誤。

情緒的第二種分類方法：基本情緒和複合情緒。嬰兒在出生後，根據遺傳本能可以表達出開心、驚訝、恐懼、憤怒、興趣和悲傷的情緒，這些情緒不學而能，被稱為基本情緒。由幾種基本情緒組合而成的情緒是複合情緒，例如，焦慮集合了內疚、擔憂、憤怒和痛苦，敵意複合了厭惡、憤怒和輕蔑，愛包括了焦慮、期待、內疚和恐懼等。本書接下來的分享也按照這種分類方法。

基本情緒在嬰兒出生後到 6 個月的時間裡逐漸顯現。隨著神經肌理的成熟，包括天生眼盲的嬰兒在內，所有的嬰兒都可以透過表情來表達基本情緒。心理學家孟昭蘭教授將基本情緒總結為快樂、興趣、驚奇、厭惡、憤怒、恐懼和悲傷。成人在見到小嬰兒的時候，經常的互動就是在引起嬰兒的情緒，對於 6 個月內的嬰兒，可以從基本情緒的誘發進行嘗試。隨著成人對嬰兒的回饋和互動增加，嬰兒的基本情緒也開始分化出不同的含義。哭可以代表飢餓、疼痛，也可以是因為成人的責備、玩具被拿走、被突然出現的聲響驚嚇、父母的離開等。基本情緒逐漸和嬰兒的經驗、人際交往、語言連繫起來。當嬰兒超過 6 個月，成人養育者需要辨認嬰兒基本情緒發生的原因，有助於

第一章　認知情緒

理解嬰兒的真實需求和感受。

　　複合情緒包括愛與依戀、焦慮、憂鬱、敵對、自我意識情緒（自尊、自傲、自豪、自卑、自信）（在下文中我會繼續分析每種複合情緒對兒童的影響與調節方法）。複合情緒具有後天學習的特點。在與成人的互動中，嬰兒逐漸長大，學會了透過回饋表達來確定他人的心理狀態和偏好，並以此來決定自己的行為。在1歲以後，他們出現了更豐富複雜的情緒：尷尬、驕傲、妒忌和羞恥。複合情緒是嬰兒社會化的表現，也反映了父母與嬰兒最初接觸的特點。心理學家認為，據此可以在一定程度上推測出父母滿足嬰兒需求的及時性，以及父母鼓勵嬰兒的話語多，還是責罵的話語多。

　　情緒的第三種分類方法：將所有的情緒放在一個整體中，心理學家認為各種情緒之間可以按照某種規律和順序排列。就像在超市貨架上的飲料，可以按照價格、口感、品牌等規則擺放，便於挑選和比較。情緒也可以按照某種特點（心理學中稱為「維度」）將所有的情緒排列擺放。只是維度並不如分類飲料那麼直觀。1980年，有學者按照情緒的主觀感受和生理喚醒兩方面的指標，將情緒按照一個環形排列。具體來說，是按照情緒的愉快程度和強烈程度分類。愉快程度是指從愉快到不愉快，強烈程度是指從中等強度到高等強度。具體來說，如下圖所示。

　　根據維度分類，有利於比較不同情緒。例如，「驚奇」和「驚恐」兩種情緒都屬於高強度，但是「驚奇」伴隨的是相對愉快

第二節　區分兒童的情緒

的感受,「驚恐」伴隨的是相對不愉快的感受。如果父母在這種排列中找到兒童的情緒,可以更加清楚如何幫助兒童認知和調整自己的情緒。環形排列的情緒之間頗為相似,在現實生活中常常同時出現,這需要父母避免單一指責兒童的情緒感受。當然,在這種分類中,維度也隨著研究的細化有所不同。不論分類維度如何變化,它都在提醒父母,兒童各種情緒之間沒有涇渭分明的界限。

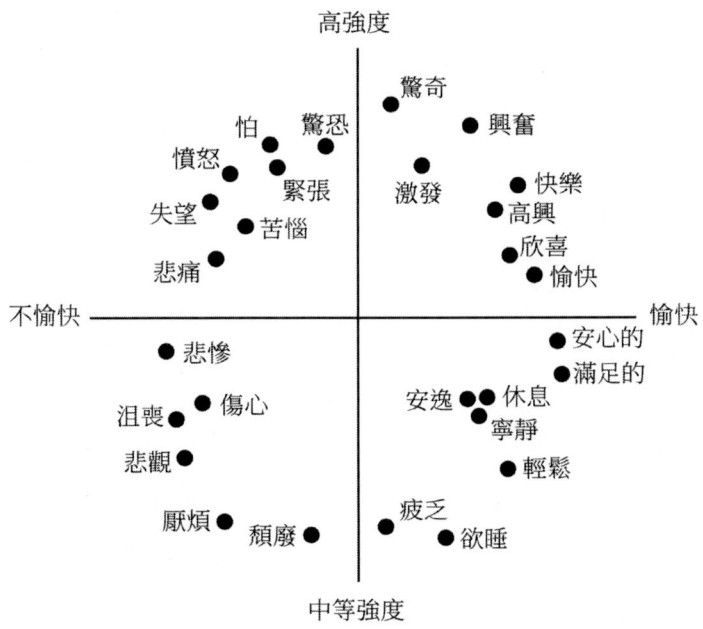

除了按照情緒的內容、種類分類,還可以按照情緒發生的強度、持續性和緊張程度,把情緒的存在方式分為激情、心境和應激三種狀態。

第一章　認知情緒

　　激情由某個具體事件或原因引起，通常當場發作，產生欣喜若狂或者暴跳如雷的強烈情緒。其生理喚醒程度很高，是一種爆發快、強烈而短暫的情緒感受。在激情狀態下，人們的理智分析能力受限，自我控制能力降低，甚至不能正確認知行為的意義和後果。例如，球賽結束後兩支球隊球迷的群毆，音樂節現場的酣暢淋漓、痛快釋放。激情和青春期時的情緒特點很像，青春期時的情緒熱烈而衝動，最易因為小摩擦而做出衝動的行為。因此，父母在孩子進入青春期後要關注其在激情狀態下的不當行為。激情持續時間很短，既會產生負面作用，也會產生正面作用。負向方面的結果是傷害性的行動，正向方面的結果是迸發巨大能量，有利於自我激勵、提高效率。例如，比賽時的加油吶喊。激情爆發時，也是情緒宣洩的過程。父母面對激情爆發的兒童，尤其需要理智冷靜，可以根據情況適當等待其爆發結束，再行安撫。

　　然而有些情緒發生後，會持續很久，甚至離開原本的情緒誘發事件後，還導致生活和人際交往都沉浸在這種情緒中。此時，兒童的情緒狀態就是心境。心境是一種具有感染性、比較穩定、持續時間較長的情緒狀態。心境可以持續幾個小時、幾週、幾個月甚至一年以上。心境平穩、微弱，可能是愉快的，也可能是不愉快的。起初由某個原因引起，但是在心境狀態下，誘因已經擴散。例如，兒童交到了好朋友，保持了愉快的心境，他們開始活躍、寬容、對身邊的事物報以正向的心態。

第二節　區分兒童的情緒

又或者兒童經歷了親人離世，陷入悲傷的心境，就會萎靡不振，感知和思維麻木，所思所想都是傷心的事情。所謂「憂者見之而憂，喜者見之而喜」，面對處於心境狀態下的兒童，父母需要耐心尋找被隱藏的原因。

　　生活中還會有很多不可預料、突如其來的事件，尤其在意外和危急情況下，人們會表現出一種極度緊張的情緒狀態，這就是應激。例如，突發的災難、突然的故障、親人的突然離世、生活環境的突然改變等。應激狀態下，生理變化急速，心率、血壓和肌肉緊張度都急遽變化。應激帶給人們的影響有兩個方面，一方面啟動了人們的狀態，人們思維敏捷，急中生智，甚至爆發出超乎平時的意志力和勇氣，如地震中保護子女安全的父母，或者因為家庭變故，好像一夜之間成熟起來的孩子；另一方面也會導致人們行為紊亂，不知所措，大腦空白，意識狹窄，無法判斷，就像火災中慌不擇路，或者因為親人離世而麻木、慟哭、失去理智思考。長期的應激狀態會導致免疫力下降，影響身心健康。當兒童經歷或者目睹父母經歷重大的災難，甚至威脅生命的事件後，有時會產生強烈的生理反應和心理反應，反覆出現這些痛苦的回憶，在幼兒身上，他們變得急躁、呆滯、畏懼夜晚、常做噩夢、異常黏人；學齡期的兒童會出現攻擊性行為、拒絕上學、胃痛、頭痛、注意力下降等現象；青春期前期的兒童則會出現自我傷害的行為，覺得生活不真實，以及表現出言行不一致，哭笑打滾情緒劇烈，有時甚至

第一章　認知情緒

會不知道時間、地點和自己是誰。這時，兒童可能陷入了創傷後壓力症候群，父母需要帶著兒童到專業的醫療院所調節和治療。

第三節　發揮兒童情緒的功能

　　情緒是經過長期的進化，逐漸完善和發展到現在體現於全人類的反應。在人類漫長的進化過程中，情緒也在不斷地發展，心理學家發現，嬰兒到成人的成長過程實際上展現了人類情緒進化的社會化過程。2015 年，美國上映了動畫電影《腦筋急轉彎》，將大腦中的基本情緒具象化，將大腦的工作過程和兒童的種種行為設定為由這些情緒在操作著。快樂負責掌控主角的開心，大部分的時間都是由她來掌控孩子的大腦，隨著她離開控制中心，主角陷入了負面的情緒中；憤怒的任務是為主角爭取權益，爸爸說不吃花椰菜就不能吃點心，憤怒就會出場，表達反抗；恐懼關注主角的安全，他覺得生活中處處都是危險，需要隨時留意，在主角玩遊戲的時候，看到面前出現一根電線，恐懼立即主控，讓主角小心翼翼地跨過去；厭惡負責主角的謹慎，現在和曾經的事物，她都很挑剔，當主角來到新的班級，厭惡會操控主角在結交新朋友的時候多一些考慮；悲傷在影片中一直無精打采，只會讓主角陷入哭泣，在電影的開始，

第三節　發揮兒童情緒的功能

大家都希望她能盡量遠離控制中心,甚至畫了一個圈讓她停在原地,但是當悲傷離開後,主角的憤怒、厭惡、恐懼都無法幫助她表達出自己的真實感受,反而更加難以適應環境。最後,幾個基本情緒攜手讓主角成功適應了新的環境。隨著主角的長大,他們的操作臺也變得更加複雜。父母其實可以透過這部影片在一定程度上理解大腦的工作機制,理解情緒的功能。其實情緒的功能並不是單指某種情緒發揮的作用,而是所有的情緒統一發揮的作用。具體來說,情緒有適應功能、動機功能、組織功能和社會功能。

　　情緒的適應功能在嬰兒出生的時候就開始了,嬰兒需要成人的哺育和照顧才能生存下來。可以說嬰兒時期他們是被動的,但是每個父母都有這樣一個共識:從孩子出生的一刻起,他們就失去了自己,在孩子面前永遠被動,尤其在嬰兒時期,父母的睡眠、休息、工作、人際、生活重心都由嬰兒掌控。這種矛盾的結果就是情緒的適應功能,人們根據情緒感受,在新的環境和新的變化中採取新的措施。嬰兒天生具有情緒感應和情緒表達的能力,在沒有掌握語言之前,嬰兒透過情緒和成人養育者互動,相互配合,滿足成長所需的物質條件。當然,嬰兒的情緒反應只有在成人的回應中才會發揮作用,如果成人養育者想擺脫這種被動,故意忽視,嬰兒也無可奈何,但是這導致的後果會影響至嬰兒長大後,甚至影響其社會適應,出現糟糕的局面。通常成人養育者都不會希望看到這種結果,況且,

第一章　認知情緒

當嬰兒對經常照料自己的成人主動展示出微笑時，也會喚起成人的愛意。隨著嬰兒逐漸長大，面對不同的環境，他們會運用不同的情緒不斷嘗試和互動，直到適應新的變化，找到新的平衡。因此，父母和成人養育者需要做的，是回應兒童各個階段的情緒反應，幫助兒童探索出適應和度過每個人生階段的合理方式。

情緒的動機功能展現在兒童採取某種行為或者避免某種行為的時候。當某種行為能夠帶來愉快和喜悅，兒童會努力地做某件事。例如，兒童因為做家務被誇獎，所以願意繼續做家務。當某種行為導致的是恐懼、痛苦，兒童會避免做某件事。例如，兒童因為觸碰尖銳的物品感受到疼痛，就會盡量避免再次觸碰。然而兒童每天喜歡做的行為和迴避的行為是交織在一起的，父母在回應的時候也沒有特別指明原因，所以兒童的行為有時也會得到錯誤的連結。當兒童觸碰尖銳的物品感受到疼痛，兒童會哭泣，父母這時會安慰，有時為了安撫會準備糖果。父母的安撫雖然指向的是兒童的哭泣，但是兒童可能會覺得受傷就會有糖果，所以會故意接近危險。父母在與兒童的互動中，需要隨時注意安撫回應的是情緒而不是行為，因為傷心所以會有安慰，但是兒童的行為可能是對的，也可能是錯的，不能缺少對行為的引導。情緒的動機功能展現了情緒與兒童的行為之間的關聯，父母可以透過情緒調節兒童的行為，比如，透過誘發興趣和好奇，鼓勵兒童學習，而責罵和抱怨誘發的是

第三節　發揮兒童情緒的功能

負面的情緒感受，反而減少兒童的學習行為。然而有些情緒可以同時增加和減少行為，例如，悲痛可以使人消沉，也可以使人轉化為力量。這提醒父母：在調節兒童行為的過程中，需要合理運用各種情緒。

情緒具有組織功能，在不同情緒狀態下，兒童可以運用和發揮身體的功能是不同的。在不同的情緒強烈程度下，兒童的認知、行為會有不同的反應。前文提到，在激烈的情緒喚醒狀態裡，兒童易衝動，注意力狹窄，身體動作受到影響。心理學家發現，通常來說良好的情緒促進大腦的活動，提高行動效率。不良的情緒阻礙干擾大腦功能，尤其恐懼的感受越強烈，注意力、記憶力和行動力都會大大降低。對於比較難的事情，低程度的情緒喚醒有利於提升行為效果；對於中等難度的事情，中等程度的情緒喚醒有利於提升行為效果；對於簡單難度的事情，較高程度的情緒喚醒有利於提升行為效果。因此，在帶領兒童學習單車或進行某種事情的時候，並不是讓兒童越興奮越好。父母需要根據事情的難易程度，適當喚醒情緒強度。越是複雜的事情，越要協助兒童調節情緒保持在平穩的狀態。過於緊張或者興奮帶來的會是失控的場面。

情緒的社會功能展現在兒童的人際交往過程中。此時情緒如同一個訊號，傳遞兒童言語不曾表明的內容。情緒交流比言語交流更早發生。當嬰兒主動對成人養育者展示微笑，這時嬰兒的情緒開始具有社會性，他開始嘗試和成人進行互動，開始

第一章 認知情緒

學會與他人的交往。人具有社會性，每個成人和兒童不論是否願意，都需要各種交往才能生存下來。正面的交往感受，如關愛，使人們之間的連結緊密。兒童體會到交往中的愛，促使他們分享、互助、有責任感。負面的交往感受，如尷尬，使人們之間保持界限。兒童體會到人際交往的尷尬，促使他們控制和調節自己的言行，協調與他人交往的距離和界限。不論是哪一種情緒，都為兒童的人際交往和社會化提供了訊號。這些訊號逐漸形成了兒童對待他人的態度和信念。

情緒的不同功能從各種角度促進了兒童的成長，父母不必過分擔憂兒童階段的情緒起伏，這都是兒童正在成長的訊號。如果各位父母和成人養育者總是難免擔憂，不妨坐下來看一看《腦筋急轉彎》，這是一部適合全年齡層的電影，可以幫助我們理解兒童的情緒、記憶、想像、潛意識的互動作用。

第四節 兒童情緒的科學觀

情緒對人的成長如此重要，與情緒有關的工作者、專家，都有一些關於情緒的認知。然而在科學界，關於情緒的理論仍然有很多未驗證。不同研究人員對不同角度的情緒理論只能達成部分共識，不過這部分共識已經可以用於指導父母和其他成人養育者理解兒童的情緒特點。下面分享關於情緒的生理學理

第四節　兒童情緒的科學觀

論和情緒的認知理論。

情緒的生理學理論強調情緒的生理喚醒，認為生理喚醒是情緒的誘發因素。兒童並不是因為難過而哭泣，而是因為感覺到眼淚流出、心跳、血壓的變化，進而哭泣，從而感受到難過的情緒。最具代表性的理論是詹姆斯－蘭格理論，該理論認為當刺激情境發生時（兒童在路上遇到一隻小狗），刺激會引發生理反應（心跳加速，迅速逃跑；或者心跳平和，體溫上升，蹲下來撫摸），大腦會覺察和判斷生理反應（這屬於恐懼或愉悅），最終認知到情緒主觀感受（恐懼或愉悅）。詹姆斯－蘭格理論認為生理喚醒先於情緒主觀感受，如果適當地控制生理喚醒程度，就可以調節情緒。例如，根據憤怒時軀體溫度會上升，可以透過降低身體溫度來降低憤怒的程度。燥熱的天氣常使人失去耐心發生口角，就是因為身體溫度的上升增加了人們對憤怒情緒的感受。因此，在兒童感受到緊張、恐懼的情緒，呼吸心跳加速的時候，可以透過深呼吸調整心率，保持或提高雙手的溫度，讓兒童在生理層面先得到緩解，情緒感受也就隨之改變了。現在很多情緒調節方法就是參照情緒的生理學理論，透過調整生理喚醒程度，感受新的情緒。例如，一定程度的運動、舞蹈、微笑練習、大喊和呼吸調整，都會使兒童放鬆下來，緩解不良情緒，感受良好的情緒。

然而情緒種類眾多，每種情緒對應的生理喚醒只是程度不同，並非是完全獨立的一套模式。那些生理喚醒程度相近的感

第一章 認知情緒

受,兒童是如何區分的呢?如果完全控制住不產生生理變化,是否就不會產生情緒主觀感受了呢?這兩個疑問使得詹姆斯－蘭格理論不那麼牢靠。隨後也有其他的心理學家提出了關於生理喚醒和情緒主觀感受之間不同的理解角度。但是不論如何看待二者的關係,情緒的生理學理論為父母提供了一種應對兒童情緒的方法。日常教養中身體的協調有利於保持良好的情緒。尤其當兒童拒絕吐露情緒的原因,情緒刺激事件無法改變,或者出現心境狀態時,透過生理調節的方法可以先緩解兒童的不良感受。

情緒的認知理論強調認知加工過程(大腦的判斷和解釋)對情緒的影響。兒童難過哭泣,是因為大腦將刺激事件解釋為悲傷的,所以感受到悲傷情緒,並作出哭泣的表情和行為。最先闡述這種觀點的是阿諾德評定－興奮理論。該理論認為,發生情緒刺激時(兒童在路上遇到一隻小狗),兒童根據已有的記憶判斷(媽媽說過小狗是危險的;或者家中也養過一隻很像的小狗;或者那隻小狗是柯基犬),然後產生相應的情緒(恐懼、欣喜或者平靜),並誘發不同的行為(趕緊離開;或者停下來撫摸;或者繼續走路沒有特別的行為)。這個情境結束會保留在記憶中作為下一次情境的判斷依據。在情緒認知理論的指導下,父母和成人養育者不僅要在情緒刺激發生、兒童有情緒主觀感受的時候發揮教養作用,在平時也要對兒童進行各種認知引導,協助其判斷情境。當兒童因為刺激事件陷入不良情緒的時候,也可

第四節　兒童情緒的科學觀

以透過改變兒童對刺激事件的判斷和解釋，從而誘發新的且具有適應性的情緒主觀感受。

然而情緒的認知理論有一個很大的局限性，就是兒童的認知能力的發展。在兒童階段，判定事件的對錯多依據權威，從新的角度去解讀和理解，需要兒童邏輯分析能力、抽象思維的成熟發展。所以父母和成人養育者透過認知調節兒童情緒的時候，需要轉換成人的視角，以兒童可以理解的方式進行。在一個綜藝節目中，曾有一位父親帶著分別為5歲和3歲的兩個兒子去參觀博物館，兩個孩子在博物館裡很興奮，一直喊叫和亂跑，父親把他們帶到休息區，指著博物館的保全，對孩子說，博物館裡不允許喊叫和亂跑，這樣下去會受到懲罰。兩個孩子完全不理會也不理解。這時父親偷偷在嘴裡放了一個假的舌頭道具，然後做出痛苦的表情，「大舌頭」地說好痛，兩個孩子很緊張地看著父親。然後父親吐出舌頭道具，孩子們以為父親因為自己的行為受到了懲罰，很是擔心，甚至開始合掌祈禱。父親看到孩子們意識到行為的嚴重性，於是又露出真正的舌頭。接下來參觀的時候，孩子們控制著自己的興奮，跟在父親身邊，小聲地討論。

不論情緒的生理學理論還是情緒的認知理論，都存在一定的局限性，也只能解釋情緒的部分表現。關於兒童情緒教育的科普讀物和方法有很多，還有很多關於情緒與兒童成長關係的假說，父母需要客觀判斷，結合每個兒童的不同情況去運用，

第一章　認知情緒

切不可生搬硬套，僵化使用。儘管情緒如此常見，我們在生活中也累積了很多獨特的經驗，使我們有很了解它的錯覺，但是需要注意的是，從心理學家到生物學家、人類學家和教育學家，還在進行對情緒的科學研究中，過度自信於生活經驗和使用未經證實的假說，反而對兒童的成長不利。不過父母不必過分擔憂，畢竟關於情緒的構成、分類、理論、功能，其實都是人們的總結和整理，其根本目標是協助父母以多角度、多層面地理解兒童的感受。

第二章
情緒與
兒童一起長大

第二章　情緒與兒童一起長大

　　情緒具有遺傳性，嬰幼兒天生可以表達情緒，並透過情緒與成人溝通。隨著兒童的生理發育成熟，社會化的程度越來越深入，兒童對情緒的掌控也逐漸加深，可以表達出更複雜的情緒，理解他人的情緒，並調節自我情緒以及安慰他人的情緒。在兒童不同的年齡階段，情緒展現出不同的特點，情緒伴隨每個人成長，它會和兒童一起長大。

第一節　0～3歲嬰幼兒的情緒發展特點

　　0～3歲的嬰幼兒雖然逐漸掌握了語言，但是語言表達還不熟練，這個階段，情緒仍然是他們與周圍世界、成人養育者之間互動的主要方式。這個階段的情緒具有衝動、易變、外露、逐漸社會化的特點。雖然嬰幼兒天生已經可以表達出8～10種基本情緒，但是每種情緒的發生時間和誘發原因是不同的，孟昭蘭教授透過研究總結了以下發生時間表。

　　表格總結的是嬰幼兒情緒發生的一般規律，然而面對每個嬰幼兒時又有具體的不同，父母在養育過程中可以參照下頁表格。

第一節 0～3歲嬰幼兒的情緒發展特點

情緒類別	最早出現時間	誘因	經常出現時間	誘因
痛苦	出生後1～2天	身體生理刺激	出生後1～2天	身體生理刺激
厭惡	出生後1～2天	不良氣味或味道	出生後3～7天	身體生理刺激
微笑反應	出生後1～2天	睡眠中身體生理過程的節律反應	1～3週	身體生理刺激或觸及面頰
興趣	出生後4～7天	適宜光、聲刺激	3～5週	適宜光、聲或運動物體
愉快（社會性微笑）	3～6週	高頻語聲和人的面孔刺激	2.5～3個月	人面孔刺激或面對面玩耍
憤怒	4～8週	持續性痛刺激	4～6個月	身體生理刺激或身體活動持續受限制
悲傷	8～12週	持續性痛刺激	5～7個月	與熟人分離
懼怕	3～4個月	身體從高處突然落下	7～9個月	陌生人或新異性較大物體刺激
驚奇	6～9個月	新異性刺激出現	12～15個月	身體生理刺激
害羞	8～9個月	熟悉環境中陌生人的接近	12～15個月	身體生理刺激

第二章　情緒與兒童一起長大

　　快樂是每個成人養育者都期待看到的兒童情緒，但是從表格中可以發現，嬰幼兒的第一次微笑反應並沒有特別的主觀感受的意義，只是身體的自然反應。其實每個嬰幼兒的情緒感受具有天生的差異，有的嬰幼兒只需要很小程度的觸碰和刺激就可以感受到快樂，有的嬰幼兒對於能夠感受到快樂的刺激需求相對較大。因此，父母首先一定要接納自己的孩子。幼兒出生1～3週左右，會辨認出成人養育者經常發出的語音，並有微笑反應，5週之後，開始對人的面孔有微笑反應。此時，成人養育者可以用娃娃圖片、類似臉孔的圖形等誘發嬰幼兒的微笑。5個月大的嬰幼兒開始對熟悉的面孔展露更多的微笑。快樂的情緒對嬰幼兒的健康成長有重要意義，也是嬰幼兒與成人養育者良性互動的表現。讓嬰幼兒感受快樂，並非單純地讓他們覺得好玩、有趣或者被逗樂。快樂與成就感有關，可以讓他們感受力量和信心。學步時的嬰幼兒常常跌倒，在他們成功站立時，不論時間長短，父母可以給予微笑、掌聲和擁抱，這能夠鼓勵他們繼續站立和行走，和成功感受相關的快樂會有助於嬰幼兒的個性養成。

　　興趣是嬰幼兒比較早出現的一種情緒，也總是與快樂的情緒一同出現。嬰幼兒喜歡透過視覺追蹤具有顏色和聲音的物品，當這樣的玩具出現時，會引起他們的興趣，當這個過程反覆發生，他們得到探索的滿足，並產生快樂。從此，嬰幼兒獲得知覺能力，開始學習，並完成對世界的探索。嬰幼兒認知能力的發展順序依次為顏色、大小、平面形狀、立體形狀和人

第一節　0～3歲嬰幼兒的情緒發展特點

臉。嬰幼兒總是對新鮮的、特別的事物產生興趣，當手指和肢體協調，1歲之後他們開始嘗試透過各種方式與物品互動，他們會抓、會咬、會去拆卸。2歲之後，興趣引起嬰幼兒的模仿行為，如模仿父母拍娃娃。這個階段的成人養育者常常因為嬰幼兒與物品之間的互動產生擔憂，而忽視了這是兒童認知和學習的開始。從這時開始，父母需要在保障嬰幼兒安全的同時，保持他們對世界的興趣。

痛苦、憤怒、恐懼是嬰幼兒時期讓成人養育者最棘手的情緒，也是經常交織在一起的情緒。引起嬰幼兒痛苦的原因有很多，如冷、熱、大聲、噪音、分離、失去、疼痛、飢餓等。嬰幼兒在3歲之前還不能很好地理解物品和人的存在，當某個物品離開他們的視線，當某個人離開他們的身邊，他們會以為這是失去，會產生痛苦的情緒。當父母，尤其是母親，離開嬰幼兒，他們會因此陷入痛苦而哭鬧。也有的嬰幼兒不會馬上哭鬧，或者哭鬧一會兒之後自己停下，因為比起憤怒和恐懼，痛苦是可以忍受的。即使是情緒外露的嬰幼兒，他們也會在感受到痛苦的時候，嘗試用忍受的方式緩解痛苦。痛苦是每個嬰幼兒調節情緒的開始，為了避免因為哭泣而加劇的痛苦，他們會停止哭泣。然而，情緒調節並不是自然成長的技能，需要成人適當地引導。恐懼的原因隨著年齡的增長越來越多，逐漸從天然的因素轉向想像的因素。6個月之前，嬰幼兒恐懼的是大的聲音、突然的變化、疼痛、孤獨等；6～9個月，嬰幼兒開始懼怕

第二章　情緒與兒童一起長大

陌生人和陌生環境；隨著社會化加深，認知發展，1歲半之後，嬰幼兒恐懼的主因變成黑暗、動物和想像中的鬼怪。恐懼的原因有時也並不容易被成人養育者發覺。當母親長時間地離開，嬰幼兒因為孤單感到痛苦，痛苦激發恐懼並哭泣。此時嬰幼兒恐懼的原因是痛苦，而不是母親的離開。恐懼加劇了痛苦，為了避免痛苦和害怕，嬰幼兒還會憤怒，對父母發脾氣。面對父母的責備和管教，嬰幼兒也會表現出憤怒，這是他們為了減少痛苦的防禦方式。當嬰幼兒的身體或心理受到限制時會引起憤怒。憤怒常常被抑制，這不是嬰幼兒在忍受，而是憤怒的程度比較低，他們不會明顯表露出來，但是被抑制的憤怒不會消失，會在某種誘發情境下爆發，甚至引發攻擊性行為。

這個時期，嬰幼兒不僅在練習情緒的表達，也在熟練調節情緒的方法。在剛出生的幾個月裡，嬰幼兒會透過從情緒刺激中移開目光、吮吸母乳的方式，轉移注意力，自我安慰，緩解不良的情緒。這時的情緒調節多是內部生理機能無意識的調控。1歲時，嬰幼兒轉移注意力和自我安慰的情緒調節方法有了更多的實現途徑，嬰幼兒可以吮吸手指、晃動身體、更大幅度地遠離引起不良情緒的人和事。此時，嬰幼兒也會主動安慰悲傷的其他嬰幼兒，他們開始能夠理解其他人的情緒。1歲半之後，嬰幼兒在自我調節情緒的時候會藉助成人的力量，跟著或呼喊成人。2歲開始，嬰幼兒會用語言表達情緒，並在遊戲中進一步表達情緒，但是3歲之前的嬰幼兒還不能運用語言很好地調節情緒。

第二節　3～6歲學齡前兒童的情緒發展特點

　　從生理性情緒開始，人的情緒主觀感受逐漸向社會性情緒主觀感受過渡。3歲之後，兒童感受到更多的複合情緒。這個階段的兒童情緒狀態反映了兒童社會化的發展情況，兒童的情緒更多地在交往過程中發生，並逐漸運用社會文化、社會規範、成人的規則來判斷自己的行為。通常情況下，成人養育者給予了兒童安全和關愛，兒童便會感受到愉悅的情緒。但是由於發展並不完善，3～6歲的兒童情緒控制力弱，情緒易被激化，且變化迅速，常常從一種狀態跳到另一種狀態，波動較大。而且情緒的外在表現十分明顯，肢體動作和表情都很豐富，手舞足蹈、瞪眼跺腳、高喊和大笑，都展現在這個階段的兒童身上，這樣的特點也常常讓父母在公共場所陷入尷尬的情緒。此外，3～6歲的兒童情緒具有情境性，如果和同齡人在一起，他們彼此之間的情緒常常相互感染。如果離開當前情境，兒童的情緒也會很快轉變。

　　這個階段的兒童離開家庭，來到幼稚園，和更多的同齡人、陌生人交往，逐漸發展認知能力、語言能力、人際交往等方面，情緒的發展也展現在更多的層面：情緒理解、情緒表達規則和情緒調節能力。情緒理解是指兒童辨識自己和別人的情緒，理解情緒的原因和結果，並運用這些資訊產生合適的情緒

第二章　情緒與兒童一起長大

反應。情緒理解具體包括兒童辨識表情、情緒情境，理解情緒和願望、情緒和認知之間的關係，以及理解真實情緒和隱藏情緒，理解多重情緒的能力。情緒表達規則可以讓兒童根據具體的情境要求，調節情緒表現，表達出符合社會期望的情緒。情緒表達規則具體包括兒童對規則的理解，以及做出相應的情緒調節。情緒調節能力是兒童管理情緒的能力，兒童主動根據情境調節情緒的發生時間、表現形式。情緒與兒童一起長大，在3歲之前，兒童已經開始逐漸理解成人的情緒，學習情緒表達規則的知識，並從無意識的生理調節開始進行主動的、有目的的情緒調節，在學齡前期，隨著兒童自主意識的發展，兒童情緒發展進入新的關鍵期。

兒童透過表情和身體動作辨識他人的情緒，5歲左右可以辨識大部分的情緒，辨識順序先是高興和愉快，然後是悲傷和憤怒，最後是驚奇和恐懼。但是還不能準確辨識微妙的情緒。情緒理解能力是隨著兒童大腦發育成熟而發展的，因而情緒理解能力的發展順序不受文化和環境的影響，可以說所有兒童的情緒理解的順序是相同的。從情緒發生時才能覺察和辨識，到根據情境推測情緒的發生，在3歲時已經開始，並且此時的兒童還可以根據他人的願望、信念、記憶和對情境的評價來辨識、預估他人的情緒。如果讓一個3歲兒童觀察其他小朋友的投球遊戲，他會告訴你當投球者的球被他期待的隊友接到，投球者是開心的，當投球者的球被他不期待的隊友接到，投球者是不

第二節　3～6歲學齡前兒童的情緒發展特點

開心的。如果詢問一個兒童，把小白兔喜歡喝的胡蘿蔔汁換成了柳橙汁後小白兔的感受，5～6歲的兒童都可以給出恰當的答案。第一個案例表明了兒童對基於願望的情緒的理解，第二個案例表明了兒童可以理解更複雜的情緒：基於信念和認知的情緒。兒童對基於願望和信念與認知的情緒的理解程度隨著年齡的增長而逐漸提高。並且基於願望的情緒理解，先於基於信念和認知的情緒理解。根據這個發展特點，父母可以透過引導3～6歲兒童理解他人情緒的方式，使兒童領悟什麼樣的行為是合適的、什麼樣的規則是合理的。情感認同比道理認同更能夠讓低年齡的兒童領悟。但是要區分此時的情緒與願望（想要）、信念（喜歡）的關係，以判斷兒童是否可以理解。超過兒童的理解能力的引導不能達到教養效果。此外，還有研究發現，自閉症兒童和智力殘疾兒童也可以理解與願望有關的情緒，但是不能很好地理解與信念和認知有關的情緒。

　　父母在面對學齡前兒童的時候常常以其開心與否判斷與孩子的交往狀態，但是這時的兒童是可以根據情境選擇情緒的。當一個孩子的願望是擁有一隻寵物小狗，而媽媽送給了他一隻小兔子時，這個兒童其實是不高興的。但是如果事情發生在一個4～6歲的孩子身上，他還是會表現出開心，而把失落隱藏起來。因為4歲的兒童可以區分真實情緒和表面情緒，外部表達出的表面情緒和主觀感受到的真實情緒之間可以一致，也可以不一致。6歲時甚至可以做到掩飾和隱藏表面情緒，使自己適

第二章　情緒與兒童一起長大

應社會環境。為了不讓媽媽傷心，即使收到不喜歡的禮物也會表現出高興的樣子。這不同於說謊，而是一種共情，從他人的角度理解對方感受的能力。但是3～6歲兒童的這種理解還很初級，他們不能完全理解同一情境引發的多種情緒，兒童收到了小兔子生日禮物，有失落，也有不知道如何飼養的擔憂，雖然不喜歡但還要表現得高興。通常，父母和成人養育者很容易辨識兒童此時的複雜情緒表現，但是當兒童進入小學階段，真實情緒隱藏更熟練，父母的辨識難度就會進一步增加。

　　6歲的兒童掩飾真實感受表明此時的兒童已經掌握了一定的情緒表達規則。學齡前的兒童處於心理發展初期，自我和外部世界還沒有完全分化，只根據自己的感受判斷和理解周圍的事物。他們正在學習如何區分自己和他人，在情緒表達方面，兒童逐漸掌握社會規則並顧及他人的感受而調節自己的情緒。在幼兒園裡，兒童學習壓抑自己想玩娃娃的欲望，按照順序等待別的同伴先開始。隱藏暫時不能滿足的不開心，換取遵守規則被誇獎能夠玩玩具的開心。但是兒童此時對這些規則的理解還不夠深入，關於情緒表達規則的意義、適用範圍和判斷特定社會情境都不夠熟練。有研究人員發現兒童的情緒表達規則的學習和運用與家庭的情緒氛圍有關。如果父母大部分時間營造出正向的情緒氛圍，兒童使用規則的目標往往是親社會的、助人的。如果父母長時間營造生氣的情緒氛圍，兒童使用的情緒表達規則往往是為了保護自尊避免傷害。情緒表達知識並不是固

第二節　3～6歲學齡前兒童的情緒發展特點

定的知識內容，兒童耳濡目染，自主轉化。

共情也是一種兒童使用情緒表達規則的能力。兒童在6個月左右，就可以感受到母親的情緒，1歲前也會受到其他嬰兒情緒的感染從而引發類似的情緒，3歲之後，這種被他人情緒的感染具有了理解的特點，兒童開始理解同樣的情境下，別人會和自己有不同的情緒感受，並會做出安慰的行為。父母是期待看到兒童的共情表現的，他們期待兒童看到悲傷的同伴、難過的弟弟妹妹後能夠幫助他們。但是兒童的共情中還有認知的部分，兒童會被其他同伴的情緒影響，但是不能完全理解其中的原因。父母和成人養育者需要耐心等待兒童的認知成熟。

情緒調節策略與情緒表達規則的掌握有很大關聯，學齡前兒童的情緒調節是社會化的、有目的的，安全的、正面的教養氛圍鼓勵兒童以友善助人、為他人著想的目標調節情緒；反之則兒童的調節目標多是迴避的、指向自己的。依據情緒表達規則，兒童可以採用三種主要的表達策略：誇大情緒感受、弱化情緒感受、掩飾真實感受而表達完全不同的情緒感受。當把兒童送到幼稚園，兒童不想與父母分開，焦慮難過，有的兒童會大喊大叫，會和父母說一些誇張的話：你不再愛我了嗎？也有的兒童壓抑難過，不吵鬧，表現得好像沒有那麼傷心。還有的兒童故意表現得不在乎，反而催促父母快點離開。但是離開父母的難過不會馬上消失，他們還需要一些方法調節留在幼稚園裡的難過情緒。3歲的兒童多採用宣洩和情緒釋放的方法，他們

第二章　情緒與兒童一起長大

會一直大哭或陷入悲傷的情緒中；4歲的兒童可以透過替代性的活動或者自我安慰的方式緩解情緒，與其他小朋友一起遊戲、被幼稚園內其他的事物吸引來轉移注意力，或者告訴自己，媽媽很快就會來接我的；5歲的兒童還會採取迴避的方式，他們不去看父母離開的身影，不去聽其他孩子討論媽媽的事情等。但是學齡前的兒童情緒調節還需要依賴成人的協助，所以，上述調節方法通常會由幼稚園的教師協助兒童完成。

第三節　6～12歲小學階段兒童的情緒發展特點

6～12歲的兒童處於學齡期，認知能力、語言能力、思維能力等都逐漸達到成人的程度，這個階段的兒童情緒發展也趨近於成人的水準。情緒的穩定性逐漸增強，當一種情緒發生，不再被新的刺激誘發的新情緒感受代替。如果成人養育者想透過轉移注意力的方式調節小學階段兒童的情緒，隨著兒童年級越高，效果越弱。情緒感受的深刻性增加，對於引發情緒的刺激，不再只是單純判斷是否滿足了需求，還會有更深層次的理解。如果這個階段父母爽約沒有帶兒童去遊樂場，低年級的兒童會低落和失望，但是不會影響對父母的感受，當父母再次提出邀約，他們還是會很興奮地答應，然而高年級的兒童會認知到父母爽約是因為他們的工作太忙，或者理解父母，或者推斷

第三節　6～12歲小學階段兒童的情緒發展特點

父母並不在乎自己。情緒的內容不斷豐富，兒童可以理解一個事物引發的多種情緒，複合情緒越來越多，並且情緒不斷內化，形成穩定持久的情感。

8歲的兒童辨識他人基本情緒的能力已經達到成人的水準，並逐漸理解不同的人經歷不同而有不同的情緒反應，情緒可以隨著時間逐漸消退。9歲之後，兒童能夠理解同一個刺激事件可以誘發同一個人的多種情緒，例如，臨近期末，既因為考試成績而擔憂，又因為即將放假而興奮。10歲之後，兒童可以較好地區分和運用真實感受與表面情緒，理解同一情境內的多種矛盾情緒。觀察小學全年級的學生活動會發現，三到四年級的學生，即9歲左右的兒童最能遵守規則、壓抑情緒、配合他人、理解他人。

情緒表達規則的使用和理解也在這個階段逐漸成熟，9歲之後，兒童關於情緒表達規則的理解更加深刻，會從目的和意義的角度，逐漸理解並做到隱藏內心真實的感受，在特定情境下表現出符合社會期待的、應該表現的情緒。父母和成人養育者期待兒童真實地表達自己的感受，但是當兒童發現其表達的真實情緒感受會帶來不好的結果，他們會運用這些情緒表達規則。當父母問一個7歲左右的兒童對資優班的感受，兒童會真實地表達不喜歡，但是此時父母會透過各種勸說來引導兒童接受資優班，當10歲之後，兒童已經認知到父母不會放棄勸說資優班的好處，雖然依舊不喜歡資優班，但為了不讓父母期待落

第二章　情緒與兒童一起長大

空,為了避免和父母爭論,他們會掩飾真實感受,表現出已經接納和認可。

同時,兒童的共情能力也有提升,認知學習和情緒表達規則的運用,讓兒童也能理解他人在某種情境下表現出的情緒,並主動嘗試一些調節。隨著小學階段的學習累積、生理成熟和人際交往,兒童的情緒辨識能力、共情能力、情緒規則理解等方面都達到成人的水準,並且狀態保持直至老年期。但是小學生的知識水準和社會經驗有限,如何運用和調節情緒還需要成人的指導。小學階段的情緒調節不再依賴生理自動調節,可以運用更多認知策略,成人養育者可以透過各種遊戲、繪畫、對話等互動方式協助兒童。

小學階段,兒童情緒的發展穩定而迅速,兒童大部分時間都在學校,常常在父母還沒有覺察的時候,兒童的情緒理解和運用就已經達到成人水準。情緒的發展也是兒童社會化的過程。在學校,兒童與更多的同齡朋友、各種教職員工相處,情緒成為人際互動最直觀的回饋。美國心理學家朱迪斯・里奇・哈里斯(Judith Rich Harris)在兒童教養方面提出了一個觀點:兒童的教養並非依附家庭環境,而是社會化的力量。有的兒童在父母面前經常表現出害羞、拘謹、任性,但是當他和同學們在一起,有時卻表現得勇敢、開放、樂於助人。這是因為兒童可以根據不同的環境選擇不同的行為方式。父母常常對於兒童在其他成人、同齡人面前的表現有一定期待,但是他們看到的

第三節　6～12歲小學階段兒童的情緒發展特點

都是兒童在家庭中的反應和狀態，父母會據此推斷兒童在人際交往過程中的特點。這種推斷並不合適，對每個兒童來說，父母、教師、同學、朋友、陌生人都是人際互動的對象，他們會根據情緒表達規則，適當選擇表露出某種程度的情緒。父母的包容和妥協程度，同學、教師的理解程度，陌生人的可能反應等，都會促使兒童表現出不同的情緒狀態。這個階段的兒童需要有更多的人際交往機會，尤其是同伴交往的機會。當兒童進入學齡期，接觸到更多的知識，生理、心理狀態逐漸發展成熟，家庭對兒童的影響作用逐漸減弱，此時的情緒已經和兒童一起成長了。

當兒童情緒穩定、理解深刻時，他們對某些事物逐漸形成比較固定的情緒反應，並融合在個性和行為中，兒童的情緒轉化為情感，形成了對待世界和他人的態度、評價，人格逐漸完善。情感是一種穩定深刻的心理感受，通常與社會需求的滿足有關。人們的社會性情感包括了關於善與惡、美與醜、真與假的態度，即道德感、美感和理智感。

小學階段是兒童道德感發展的重要階段。根據瑞士心理學家尚·皮亞傑（Jean Piaget）的研究，兒童的道德發展規律是由他律轉向自律，由客觀責任感向主觀責任感轉變。3歲之前的兒童評判他人行為以是否滿足自己的生理需求為標準，不遵循任何規則。3～7歲的兒童理解規則存在，知道要按照規則做事，遵守是好，不遵守就是不好。盲目遵從權威成人的規則，只能

第二章　情緒與兒童一起長大

看到行為的結果，還不能理解行為的目的，認為懲罰是一件可怕的事情，不能理解懲罰的目的是避免再次發生類似的事情。8歲之後，兒童開始認為規則是為了共同的利益而存在的，只要大家都贊同，規則就可以改變。這時的兒童在意平等和合作，對規則和權威的依賴減弱，能夠理解行為的動機。當兒童一起遊戲或者做某件事情，他們可以獨立制定規則，並遵守完成，不再需要成人協助制定規則。兒童開始由他律轉向自律。12歲之後，兒童對於一件事情和行為的評判依據從整個社會出發，傾向於以公道、公正作為標準，並結合情感和關心的角度。兒童對平等的理解從人人權益相等，拓展到人與人之間的連繫。兒童也正式進入自律階段，道德認知發展達到成人水準。兒童道德感的發展是一個連續的過程，並不以某個年齡為明顯區分。美國心理學家勞倫斯·柯爾伯格（Lawrence Kohlberg）總結整理了兒童道德發展過程：從完全遵循外在標準，你對我好，我就對你好；到遵循成人定義的好，信奉權威法律；再到理解規則法律可以改變，自覺履行義務。每個兒童都將經歷這個發展歷程，只是有快有慢。當兒童進入自主、自律階段，便開始逐漸形成對社會和他人的態度，形成內在價值觀。

6～12歲是兒童各方面發展成熟的重要階段，兒童在學校內學習、交往、運動，情緒也在不斷發展完善。父母和成人養育者要遵循與尊重每個兒童的成長發展規律，當兒童到達了相應的階段，關於兒童表現出的負面情緒、不恰當行為、不合理

第三節　6～12歲小學階段兒童的情緒發展特點

的表現都可以不言而喻。在兒童情緒發展的過程中，即使成人養育者不參與，兒童也會發展成熟，父母與教師的角色是促進各階段的發展，適當的參與、引導能夠避免兒童陷入錯誤的發展方向，而不是代替兒童的成長。

儘管兒童的生活空間是學校和家庭，但是成人養育者（父母和教師）之間很難做到隨時且全面的觀察與溝通，兒童也未必會在生活中經歷如此多的心緒起伏。為了了解每個兒童的情緒發展狀態，成人養育者可以參照心理學和教育學研究人員使用的方法——情緒辨識任務和情境故事。情緒辨識任務就是提供兒童不同的情緒圖片讓兒童辨識。辨識的方法有很多，可以讓兒童直接分辨圖片展示的是哪種基本情緒，也可以讓兒童根據不同的情緒選擇不同的表情。情境故事就是講述一個可誘發情緒的故事，讓兒童選擇故事的主角的感受或做出評判，根據兒童的回答推斷兒童所在的發展階段。例如，柯爾伯格曾經使用過的故事：有個婦人患了癌症，生命垂危。醫生認為只有一種藥能救她，就是本城一個藥劑師最近發明的鐳。製造這種藥要花很多錢，藥劑師花了 200 元製造鐳，他索價 2,000 元。病婦的丈夫海因茲到處向熟人借錢，一共才借到 1,000 元，只夠一半醫藥費。海因茲不得已，只好告訴藥劑師，他的妻子快要死了，請求藥劑師便宜一點賣給他，或者允許他賒欠。但藥劑師說：「不行，我發明此藥就是為了賺錢。」海因茲走投無路撬開商店的門，為妻子偷來了藥。隨後，柯爾伯格詢問兒童，故事中的藥

劑師、生病的婦人、海因茲誰有罪？理由是什麼？在日常生活中，這些可以透過親子閱讀、親子互動實現。通常父母向兒童講述了一個故事或者觀看了某部影片的時候，會問兒童：這個故事好在哪裡？告訴了我們什麼道理呢？如果將對話改成：你覺得最後那個主角是開心的，還是難過的？他為什麼這樣做？這樣做對不對？就可以很好地了解兒童的情緒發展階段。這個階段的父母常常在聽到兒童給出不符合自己期待的答案的時候，可能會焦慮擔憂，會想辦法把知識和道理告訴兒童。然而此時的知識和道理發揮的作用很小，父母不能操之過急，要給予兒童的情緒一定的成長空間。

第四節 青春期早期兒童的情緒發展特點

通常來說，兒童 12 歲左右進入青春期，生理的迅速發展衝擊著兒童的心理狀態，但是年齡並不是嚴格的界限，有很多兒童可能發育成熟得較早。青春期一般持續到 20 歲左右，它是兒童過渡向成人的重要階段，也是父母和教師最棘手的階段。

青春期早期的兒童，由於對生理機能成熟的不適應，出現心理紊亂，尤其在情緒方面表現出一系列顯著的特點：情緒狀態敏感、波動性大、不穩定、出現兩極化的情緒。生理的變化

第四節　青春期早期兒童的情緒發展特點

讓兒童渴望成為「成人」，像成人一樣生活，他們開始對某些「遠大目標」展現出極大的熱情，表現出過度的興奮、好爭論、不讓步。當有成人否定質疑他們時，他們往往衝動，做出不能控制的行為。強烈的衝動性和爆發性讓兒童的情緒看起來來勢洶洶，但是消散的也很快；同時對某些情緒訊號、同伴的情緒感受十分敏感，有時一首悲傷的歌曲、一個悲傷的故事，甚至天氣陰暗，都會引發情緒的變化。既細膩又粗暴的情緒狀態，總是讓父母莫名其妙。這時期的兒童表現出來的情緒和真實感受往往不同，他們掌握了更多的社會規範，開始掩飾真實情緒感受，有時真實感受是厭煩，表現出的情緒是平淡，有時真實感受是喜歡，表現出的情緒是冷漠，甚至出現故意誇大情緒或口是心非的情況。

情緒中正向情緒較少，負向情緒較多。孤獨、寂寞、不安、苦悶、憂慮成為這個階段兒童的主要情緒感受。生理的變化和成熟，使他們開始獨立思考，思考現在和未來，想要成為成人，但是又不具備相應的條件；想要了解更多關於異性與人生意義的資訊，但是又不知如何獲取。外貌的變化讓兒童更在意他人的評價，渴望在人群中獲得某種關注和地位。種種不確定讓兒童內心糾結，與父母、朋友的關係也總是因為情緒起伏而有衝突。這時的兒童逐漸將情緒壓抑，到青春期後期，兒童的情緒由強烈的外部表現逐漸轉化為比較穩定的內心感受。

情緒的內容和層次更加深刻豐富。儘管青春期早期經歷比

第二章　情緒與兒童一起長大

較多的負向情緒,但是對比之前的成長階段,兒童感受到的情緒內容更加豐富。隨著邏輯思維的發展和認知的發展,兒童對事物的感受更深入,對於喜歡的人或事,他們表現出愛慕、感激、感動、欽佩等,對於不喜歡的人或事,他們也會區分憂慮、擔憂、苦惱等。兒童辨識和理解的情緒種類增多,情感也在不斷發展。

從出生到幼兒期再到學齡期,所有的兒童都是同步進行,但是進入青春期,便出現了性別差異。女生早於男生兩年左右進入青春期。當嬰兒進入3歲,開始有性別意識時,父母和教師也有意無意地對不同性別的兒童傳遞不同的情緒回饋知識。與女孩討論比較多的是悲傷、難過之類的情緒,並透過各種方式化解女孩的負面情緒,與男孩討論較多的是憤怒情緒,但是很少處理男孩的負面情緒。因此,男孩與女孩對情緒的理解和表達並不相同,這種不同一直持續到成人。

青春期早期兒童的很多情緒特點是生理成熟和心理成熟的不同步導致的。這時兒童對情緒的使用已經成熟,但是情緒調節能力不足,認知程度也不夠,需要父母和教師的協助。通常成人養育者會將這個時期命名為兒童的「叛逆期」,然而正常的標準在哪裡呢?這個標準是由誰來制定的呢?父母在提到兒童的「叛逆」時,最常用的表述是:孩子不聽我的話,我讓他做什麼,他就偏不做什麼。父母似乎很自然地把自己的要求確定為「叛」與「逆」的標準,然而這個要求並不牢靠。這個時期的兒童

第四節　青春期早期兒童的情緒發展特點

自我意識敏感，追求獨立與尊重，想要維持精神獨立，不輕易接受成人的建議。從兒童的角度來說，父母的要求反而限制了兒童的感受，倒是父母在「叛逆」兒童的成長。父母和教師的協助，應以兒童調節自我情緒、良好地學習生活為標準，不以兒童與父母的妥協程度為標準。成人養育者的聽，往往比說更有效。兒童進入青春期後的行為在父母眼中很幼稚，為了避免不良後果，父母會做出各種勸說和阻止的努力，這些努力在青春期兒童的眼中無疑是在質疑其獨立性。所以，父母這時要嘗試和兒童平等對話，將對方視作成人。對兒童合理的想法和判斷給出肯定的回應。感受到尊重後，兒童會願意接納成人傳遞的相關資訊和知識。或者此時，父母要調整自己，不再將對方稱為兒童，而是稱為青少年，或者與自己無異的成人。

綜上所述，心理學家和教育學家總結出的兒童情緒發生發展的特點，兒童雖然按照自然成熟規律，與情緒一起成長著，但是每個兒童各不相同，同樣的情境，引發不同兒童的不同情緒，即使表現出同樣的情緒，每個兒童的感受也各有不同。兒童的情緒發展並不是獨立進行的，而是與兒童的生理發展速度、認知成熟程度、人際交往情況、父母教養策略等密不可分。如果兒童經歷一種教養方式達到某種成熟程度或使用某種策略，基本上會表現出前文列舉的行為特點，但是這並不意味著，兒童出現某種行為特點，那麼他必定經歷了某種教養方式或必定有某種認知判斷。本章各節分享的兒童從出生到青春期

第二章　情緒與兒童一起長大

早期的情緒特點,不是衡量兒童發展情況的測量指標,而是成人養育者與兒童互動、養育過程中的參照,根據兒童情緒的不同發展情況,採取不同的溝通方法和情緒調節方法,緩解成人養育者在教養過程中的焦慮。

第五節　情緒智力、情商與智力

家長對於兒童情緒的關注,不僅著眼於兒童的情緒調節,同時也關注兒童的「情商」,甚至認為兒童學習成績可以平平,但是擁有較高的「情商」依舊能夠獲得很好的人生成績。但是情商、情緒智力以及兒童的智力之間,到底是一種怎麼樣的關係呢?有時科學並不和生活經驗保持一致。

智力是一種心理能力,包含推理、計劃、問題解決、抽象思維、理解複雜思想、快速學習和從經驗中學習的能力。這個概念被大眾熟知,源於研究人員力圖測量智力,並根據測量的結果選拔人才、任用官員和選擇職業等方面。20世紀以來,智力測驗比智力構成更加被人們關注。人們並不喜歡複雜的智力概念、智力構成理論,比較希望能夠用直觀明瞭的智力測驗分數證明自己,或者判斷一個兒童。但是事實上,那個分數只能代表每個人在人群中所處的相對位置,無法簡單地測定一個活

第五節　情緒智力、情商與智力

潑的兒童。況且每個智力測驗的題目、結果解析，以及分數所代表的內涵，需要一個心理學專業的學生學習很久才能夠準確運用。而且越來越多的研究發現，智力的構成很複雜。有研究人員發現，智力可以分成一般智力和特殊智力兩部分，一般智力就是人們從事所有的活動會運用到的能力，像是觀察力和記憶力；特殊智力是在從事某種專項活動的時候展示出的能力，包括計算的能力和言語表達的能力之類。還有的研究人員認為智力包括已經獲得的知識，以及解決問題的能力，並且兩種智力結構在不同的年齡階段有不同的增長或減弱規律，這解釋了兒童在學齡期獲取知識的規律，以及老年人部分智力退化的現象。隨著研究的深入，學者們從更多的角度解讀智力，力求能夠讓人們更全面地了解自己，透過針對性的練習提升社會適應的能力。因此，近年來，有很多教育輔導機構推出了「情商」、「抗逆力」、「溝通力」、「邏輯思維」等名詞，讓越來越多的家長和兒童不知所措。

　　情緒智力就是研究人員在探索智力結構過程中的新發現。1990年，美國耶魯大學的薩羅威（Salove）和新罕布夏大學的瑪伊爾（Mayer）在論文中正式提出並論證了「情緒智力」，其被定義為：社會智力的一部分，審視自我和他人的情感與情緒的能力，辨別情緒，並運用情緒引導思維和行為的能力。他們發現對情緒的自我調適和辨識，能夠幫助人們更好地解決問題，情緒智力也是智力的構成之一。在後續的研究中，薩羅威和瑪伊

第二章　情緒與兒童一起長大

爾不斷繼續完善，力圖尋找情緒智力的神經機制，其與人格、智力的關係，以及如何測量。

情緒智力的研究在科學研究領域按部就班，然而在 1995 年，美國《紐約時報》專欄作家，畢業於美國哈佛大學的丹尼爾·高曼（Daniel Goleman）根據薩羅威和瑪伊爾的研究，收集整理了關於大腦、情緒、行為和日常生活的相關資訊，撰寫了一本暢銷書《情商》。書中他將情緒智力在理論上拓展為五個維度：了解情緒、管理情緒、自我動機、認知他人情緒和處理關係。《時代週刊》在宣傳這本書的時候使用了「EQ」的字樣，隨後臺灣譯者在翻譯和引用的時候，使用了「情商」兩個字，自此「情商 EQ」進入了大眾的視野，並且隨著圖書的暢銷，在大量的宣傳中被很多父母與成人養育者了解。

但是，人們所了解的資訊只有暢銷書中的理論構想，這個構想並沒有充分的實驗證據。這時，心理學研究一直以來的尷尬情況就出現了。科學研究領域的研究爭論和結果向來只在其領域內傳播，雖然在日常生活中有一定的應用，但是人們很少在意。畢竟對那些「量子力學」、「中微子」、「認知圖式」、「矩陣」之類概念的無感，不影響享受其在日常生活中帶來的便利。但是心理學研究的行為和心理現象，不僅被運用，還時常出現在生活中，並且人們有著相當的經驗認知，譬如，記憶、語言、感覺。研究結果可能與「常識」一致，或者不一致，每個人都有立場對這些結論表示擁護或者質疑。尤其當研究涉及兒童

第五節　情緒智力、情商與智力

的發展和教育。媒體的宣傳，引來大眾的關注，又引來各種相關機構和人士的討論、建議。但是需要注意的是，這其中的很多建議都是理論上的、設想層面的，沒有足夠多的實驗設計和資料分析，對實踐的指導意義很微弱。

經過多年的學術研究和行銷推廣，越來越多的父母將情緒智力和情商兩個概念等同，認為這是學術界已經實證的關於兒童智力的新研究成果。觀察總結大眾流行領域一直使用的「情商EQ」概念，高曼認為情商的結構包括自我意識（認知和了解自我心境、情緒和驅動力，以及他人情感的能力）、自我調節（控制和改變衝動與心境的能力，在行動之前暫緩判斷而思考的傾向）、動機（超越金錢和地位的工作熱情，為堅持目標煥發的能量和堅持性傾向）、情感移入（理解他人情緒特點的能力，根據他人的情緒反應處理問題的機能）和社會機能（熟練處理關係，建立關係網路，在一般環境中建立友好關係的能力）。這也是很多情商培訓機構的訓練內容。但是這個內涵結構中提到了很多心理概念，已經超出了智力原本的構成。就像這個過程中那句流行的口號一樣：「一個人的成功，只有20%取決於智商，80%則取決於情商。」人們原來認為情商和智商是完全不同的概念。然而高曼在1995年的原文是：「IQ（認知智商）至多只能解釋20%的生活上的成功，還有80%需要其他因素來解釋，其中情緒能力發揮著重要作用。」並且隨著情商培訓領域和情商話題的關注，情商的內涵不斷地擴大，包括溝通能力、親和力、合群

057

第二章　情緒與兒童一起長大

性、人格特質等都被包含進來，使得「情商」的內涵越來越多，界限越來越模糊，似乎一切都可以與它連繫起來，甚至隨著時代和流行的變化，「情商」的內涵還拓展到人際關係應對方面，逐漸從一個描述能力的名詞，轉向對某種行為讚許的形容詞。但是一個人對待他人的態度，其實源於其學識的累積而形成的價值觀和人生觀。

情緒智力確實是學術領域還在研究中的主題，其對人們適應社會發揮著作用，但是情緒智力是否可以改變、如何提升，目前只有大眾領域的經驗性和推理性的結論，還沒有得到學術研究的有力證實。回歸到學術領域，科學研究論證的過程遠比一個假設的提出要緩慢得多。心理學研究要求實驗結果具有可重複性，並且具有一定的資料支持。如果某個結論只在特定情況下出現，且只有個案資料，那麼是無法認定其可信度的。學術領域的發生往往被延遲且微弱。薩羅威和瑪伊爾認為在處理個人與他人情感訊息的過程中，人們有四種層級的發展過程：情緒知覺評估和表達的能力；使用情緒的能力（情緒對思維的促進能力）；理解分析情緒、運用情緒知識的能力和調節情緒的能力。目前，學術領域一直沿用薩羅威和瑪伊爾的「情緒智力」概念與研究體系，認同情緒智力是一種能力，也是一種人格傾向，混合了認知因素和非認知因素。情緒智力其實是在考察情緒如何影響知識獲取和問題解決，研究人員已經證實推理他人的情緒感受，以及運用情緒調節可以提高認知活動能力（思維、

第五節　情緒智力、情商與智力

記憶、決策等）。情緒智力側重於兒童處理情緒訊息的能力。已有研究發現，情緒智力的高低與兒童的學業成績、心理健康、幸福感和工作績效有很大相關性，但是並不能做預測性的結論。也就是說，情緒智力影響著兒童和成人的學習、工作的效果，卻不能簡單推論情緒智力達到何種程度一定能夠取得優秀的成績，因為人的行為是複雜的，這其中還涉及任務的意義，以及人們自身的想法。

那麼，兒童的情緒智力如何衡量？是不是能夠訓練的呢？這個關鍵就是關於情緒智力的定義。參照學術研究結果，情緒智力即兒童處理自己和他人的情緒訊息的能力，其衡量和提升的核心還是情緒調節能力。結合兒童不同成長階段的情緒發展特點，當兒童到達某個年齡階段，便可以隨著成熟而獲得情緒的發展。很多家長會回饋自己的孩子在參加了一段時間的情商課後確實有了很大的變化，但是這些變化到底是自然成長的結果，還是學習的結果呢？曾有一篇關於情商的文章列舉了幼稚園裡的畫面：一個小朋友在睡覺，但是沒有蓋被子。教師問身邊沒有睡覺的其他小朋友，願不願意把自己的被子給這名睡著的同學。然而身邊的孩子都拒絕，一個說他不蓋被子生病是活該，一個說我的被子是給我蓋的。文章據此表明幼兒的情商太低，強調情商培養的重要性。但是根據前文的分享，不難發現幼兒的拒絕不代表他們沒有情商，只是年齡階段導致的情緒理解發展還不完善。整理現有的情商訓練課程，如果了解心理學

第二章　情緒與兒童一起長大

的基本知識，可以發現雖然名為情商訓練，但是內容多是人格完善、情緒調節、人際交往訓練、溝通方法等，遠遠超出了情商或情緒智力的範疇。父母在尋找的其實是更好的教養策略。面對市場上良莠不齊的情商書籍、情商課程，父母需要冷靜判斷。兒童的成長受到很多因素的影響，只強調其中一個單獨因素並不客觀。

　　人們將智力看作衡量兒童聰明與否的標準，目的是希望尋找更多的途徑幫助兒童成長。傳統的智力測驗屬於認知智力測驗，並且已有學界認可的測驗量表，如韋氏智力測驗。然而情緒智力的測驗量表還沒有達成業內統一。不過，研究依然在進行，或許現在你的手邊就有一份情緒智力測驗的量表，如何判斷這個量表是否科學、準確，可以使用呢？只需判斷量表提供的兩個數據：信度和效度。信度表示量表測驗的結果是穩定的，即使過了一段時間再次測驗，結果不變；效度表示量表測驗的結果和要測驗的主題是一致的。信度與效度的區間都是 0～1，越趨近於 1，表示信度和效度越好。解釋量表的時候，還需要結合測試兒童的具體情況，如果 8 歲兒童的情緒智力結果得分很低，不能單純得出他情緒智力低的結論，還要分析他的具體答案，是否還沒有發展成熟，是否兒童在這幾個問題中說謊隱瞞，是否兒童對問題的答案有其他的解讀。所以最好在專業人員的指導下進行測驗。其實兒童的情緒智力是智力的一種，兒童的學校學習就是依據智力理論提升獲取知識的能力、累積專

第五節　情緒智力、情商與智力

項活動的經驗能力、連繫情緒辨識能力和提升人際交往能力的過程，學生在學校裡的表現和成績已經是某種智力與情緒智力的測驗結果。不論兒童的情緒智力測驗結果如何，每個兒童都有自己的成長速度和成長經驗。而最好的檢驗兒童發展情況的方法，是觀察兒童在日常生活中能否很好地應對自己的學習和交往。

第二章　情緒與兒童一起長大

第三章
「教養」情緒
—— 兒童情緒的調節

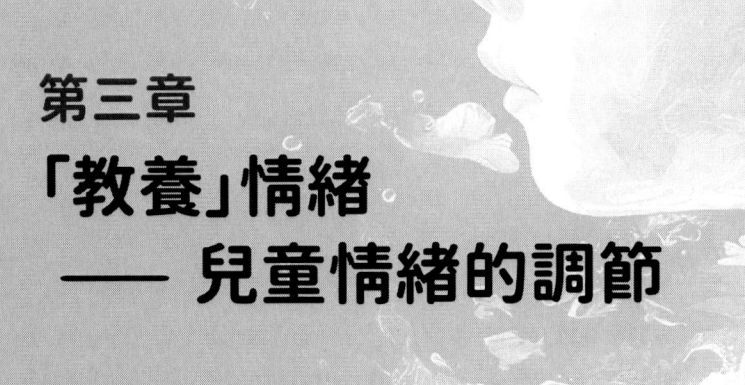

第三章 「教養」情緒—兒童情緒的調節

情緒對兒童成長有著重要作用，在兒童與情緒一起成長的過程中，兒童的情緒理解、情緒感受與表達以及情緒表達規則使用等方面的發展都伴隨著人際交往自主完成，但是兒童的情緒調節能力，除了嬰兒期無意識的內部生理性調節，3歲之後主要依靠成人養育者的幫助。兒童透過觀察、模仿、學習成人養育者有意或無意傳達的情緒調節策略，調節自己的情緒，以保證自己更好地投入學習和生活中。父母在面對兒童的情緒表現時，會有不同的回饋模式，心理學領域稱為「父母元情緒」。父母元情緒影響兒童的情緒調節能力。情緒調節的目標是內部情緒感受與外部表達的調控，是兒童控制自己產生什麼樣的情緒、什麼時候產生情緒、感受到的情緒強烈程度以及如何表達情緒的過程。情緒調節並非單純的緩解消除負面情緒，而是根據具體情境調整正面情緒和負面情緒。成人養育者在協助兒童調節情緒之前，首先需要明確情緒調節的目標，如果兒童的情緒困擾是面對情緒的手足無措、對情緒的認知不完整，是成長指向的，就可以透過情緒記錄、情緒風車等方式，協助兒童全面地認知情緒，和情緒成為朋友；如果兒童的情緒困擾是關於情緒表達規則、如何表達情緒，是感受指向的，就可以透過繪畫、遊戲的方式，協助兒童學會表達和傾訴情緒；如果兒童因為情緒的困擾出現了不適應的行為，是行為指向的，就可以透過調整情緒認知，協助兒童獲得新的情緒感受。兒童每天都會感受不同的情緒，經歷不同的情緒起伏，兒童的情緒調節不只

在兒童陷入情緒困擾的時候發揮作用，在兒童的日常生活中也很有必要。在兒童陷入情緒困擾，出現異常行為的時候，父母希望掌握更多的應對方法，而不是自亂陣腳、雜亂無章。其實父母可以在日常教養過程中，透過運動、自我控制等方法，增強兒童的情緒調節能力。當父母和其他成人養育者可以客觀、科學、從容地面對兒童的情緒問題，那麼也可以實現透過情緒促進兒童的學習和行為養成，教養兒童的同時也教養情緒。

此外，兒童情緒的誘發事件並不在情緒調節的範圍內，很多父母常常被誘發兒童情緒的事件所困擾，認為解決了具體事件自然就可以緩解兒童的不良情緒，但是誘發情緒的並不是事件本身，況且不是所有的事件都有一個及時而合適的解決方案，甚至有的誘發事件不能重來，糾結於事件本身，不一定能夠幫助兒童成長。有時解決了情緒困擾，那些問題也將被解決一部分。

第一節　父母元情緒

面對兒童的情緒表現，父母也會產生某種情緒和感受，這種感受就是父母元情緒。關於父母元情緒的探索，源自 1996 年美國華盛頓大學的心理學教授約翰・戈特曼（John Gottman），他發現成人養育者（主要是父母）對自己或兒童的情緒表現會產生

第三章 「教養」情緒—兒童情緒的調節

一組情緒、態度和理念。父母元情緒的類型決定了父母面對兒童情緒時採取的行為方式，影響著兒童情緒調節能力。目前研究人員總結的父母元情緒類型有四種。

情緒教導型。這種類型的父母有很好的覺察能力，能夠及時發現自己和兒童的細微的情緒反應，願意接受和面對各種情緒反應。他們認為兒童各種情緒反應都是合理的，當發現兒童心情很好或陷入情緒苦惱的時候，會主動鼓勵孩子用正確的語言形容和表達情緒感受，詢問情緒發生的原因，分析討論其中的問題，安撫和引導兒童處理情緒。尤其對兒童的負面情緒很敏感，這種類型的父母覺得負面情緒是教導兒童的重要契機，也是促進父母與兒童之間親密聯繫的紐帶。這時的兒童接收父母傳遞的訊息是：每個人的情緒都是可以被理解和被接納的。因此，兒童很願意在父母面前表現出自己的真實情緒，也會獲得關於情緒調節的方法。

情緒摒除型。這種類型的父母覺察能力也很好，但是主要對兒童的負面情緒比較敏感，更關注兒童的苦惱和不開心。他們覺得兒童的負面情緒都是有害的，沒有道理的，並不接受兒童的負面情緒，甚至很挑剔。當這類父母發現兒童出現了負面情緒或陷入情緒困擾時，通常表現出煩躁和憤怒，甚至會用懲罰和限制的方式強制性地要求兒童停止情緒。和兒童溝通的時候也是強制的、命令式的：「有什麼好難過的！不許哭！安靜一點！你都這麼大了，計較什麼！你是男生，多讓別人一點！」這

第一節　父母元情緒

時的兒童接收到的是父母對情緒的否定，並沒有獲得情緒調節的方法，只能壓抑和隱藏負面情緒。

情緒失控型。這種類型的父母對兒童情緒的覺察是最敏感的，尤其對兒童的負面情緒，但他們也是不知所措的，不知道、不明白為什麼兒童會這麼悲傷煩躁，甚至也會讓自己出現失控的行為。兒童生氣他們也跟著生氣，兒童悲慟他們也跟著悲慟。當兒童產生負面情緒或陷入情緒困擾的時候，他們的溝通常常是被動且沒有章法的，父母做不到和兒童溝通情緒的來龍去脈，也無從下手，甚至會出現不當的應對行為──打罵兒童，或激發更激烈的矛盾和情緒。隨後他們又會後悔自己的這種處理方式。這類父母嘗試用共情的方式連結兒童的情緒，但是他們只被兒童的情緒表現感染，不懂得深入分析和理解。同樣地，兒童也無法接收到父母對情緒的接納和調節策略，只能越來越感受到情緒的糟糕影響，面對情緒的時候也會陷入無措失控之中。

情緒不干涉型。這種類型的父母並不去覺察兒童的情緒，不論兒童產生什麼樣的情緒反應，他們都不會主動干涉。這類父母認為情緒是可以隨著時間而慢慢消散的，兒童自己會長大，自己會領悟。憤怒不能解決問題，悲傷也不能令事情重來一遍。順其自然是應對兒童情緒的最好方法。當兒童出現負面情緒或陷入情緒問題時，他們採取放任的方式，不和兒童溝通情緒的原因、情緒的感受或者提供緩解情緒的方法，因為這些

067

第三章 「教養」情緒—兒童情緒的調節

都不重要。有時他們會轉移兒童的注意力，當兒童宣洩情緒的時候，父母會說「沒關係，一會兒就好了」或者「別想了，我帶你去玩遊戲」。這種類型的父母對兒童的情緒調節能力很有信心，認為成人不需要為此擔心。

研究人員認為情緒教導型的父母元情緒類型是最有利於兒童獲得情緒調節能力，並促進兒童成長的應對模式。當父母更多地使用情緒教導型元情緒時，5～8歲的兒童表現出比同齡人更高的自尊心、更好的學業成績和比較好的同伴交往情況，並且有較好的情緒覺察能力和情緒調節能力。父母採取情緒教導型元情緒理念，會促進學齡前兒童表現出更多的助人、分享的利社會行為，能夠關注到同伴的情緒狀態。父母採取情緒摒除型的元情緒理念，兒童在行為控制方面出現比較多的問題。父母採取情緒不干涉型的元情緒理念，放任兒童自由發展，會對兒童情緒調節能力產生不利的影響。

這裡需要注意的是，父母元情緒的不同類型是指父母一貫採取的應對兒童情緒表現的方式，偶一為之的方式並不代表父母元情緒的類型，某種元情緒類型的父母在某種具體情境下也會採取其他類型元情緒的應對方式。判斷屬於哪一種元情緒類型，需要考察父母對兒童情緒的覺察力，對情緒的接受態度，情緒發生原因的了解，與兒童溝通的方式、處理與教導兒童的方法。判斷依據的是父母應對兒童情緒的理念，而不是行為。或者可以採取臺灣學者葉光輝編制的「父母後設情緒理念量

表」，進行專業測量。

父母元情緒類型不僅展現了父母處理兒童情緒的理念，也是其面對自己的情緒時的態度。當面對兒童的情緒困擾，是否和身為父母的自己陷入情緒困擾時的感受相似呢？父母或成人養育者推崇的自我情緒調節理念如何呢？是雜亂無章，還是不去理會，是強迫自己壓抑，還是理智的表達和接受……如果身為成人同樣在困惑中，可以試試戈特曼教授提出的情緒教導型元情緒的思維練習。當面對兒童的情緒，父母可以嘗試做這樣幾件事：①能夠意識和觀察到自己與兒童的負面情緒；②將負面情緒的發生視作建立親密親子關係、教養情緒的機會；③感同身受地傾聽和確認兒童的情緒反應；④幫助兒童使用正確的語言說明情緒感受；⑤與兒童共同討論並解決引發負面情緒的問題，並教導兒童如何處理問題。當成人養育者也陷入了情緒困擾，也可以嘗試用這樣的方式對待自己的情緒。其實接下來分享的情緒調節的方法不僅適用於兒童，同樣也適用於成人養育者。

第二節　和情緒成為朋友

朋友、同伴是一種重要的力量，即使最不善於交往的人，也會期待友誼的支持。每種情緒都有獨特的意義，反映了兒童的經歷和感受。當兒童身邊有一個一直陪伴著的東西，不妨與

第三章 「教養」情緒—兒童情緒的調節

它成為朋友，發揮它的力量。和情緒成為朋友，和兒童一起認知情緒，認同、允許、接納情緒的存在。父母可以透過這樣幾種方式幫助兒童和情緒相互了解、相互認知。

第一種方式：熟悉情緒詞語，認同情緒，一起接納和歡迎情緒的發生。嬰幼兒期，父母和其他成人養育者透過語言文字帶領兒童認知世界，注音、動物、古詩詞和數字，都是父母藉助的道具，情緒種類也可以占有一席之地。兒童從出生開始就有了情緒感受，但是要到學齡期才會學習和情緒相關的詞語，在此之前他們的很多感受其實是無法準確表達的，而元情緒不敏感的父母也常常不知所措。父母在兒童練習說話的時候加入情緒詞語，就可以和兒童一起從頭認知情緒。故事是每個兒童成長過程中不能缺少的重要內容。講故事的時候，也可以加入情緒感受的分享，比如，白雪公主一個人走在森林中是恐懼的，灰姑娘見到神仙教母的時候是欣喜的……很多兒童繪本的配圖細緻地展示了每個人物的表情神態，有的主題就是關於情緒的故事。成人養育者可以透過這些故事和畫面，引導兒童回顧自己的感受：因為自己的玩具壞了，所以很傷心，就像你今天下午的感受一樣，你也是這樣想的嗎？你覺得這裡的小兔子感受是怎麼樣的？你今天有過同樣的感受嗎？關於情緒覺察，父母也不是天生的行家，但是有很多故事、成語、卡通影片、古詩詞可以發揮幫助作用。不過情緒覺察需要從驚喜、憤怒、哀傷、恐懼的基本情緒開始，隨著年齡的增長，逐漸到複合情

第二節　和情緒成為朋友

緒,以便遵循兒童的情緒理解發展規律。

第二種方式:做情緒紀錄卡。情緒具有週期性,在一天的完整時間內,或在一個月的週期內,即使沒有誘發事件,情緒也會表現出週期性的變化特點。通常來說,在一天的時間內,7 點至 10 點,14 點至 16 點,20 點至 22 點,情緒較興奮且穩定;7 點以前,12 點至 14 點,18 點至 20 點,22 點以後,情緒較低落。如果時間擴大到一個月,情緒會經歷興奮不穩定 ── 興奮且穩定 ── 抑制不穩定 ── 抑制且穩定幾個階段。情緒並不是突然發生的,兒童的情緒也符合週期性的特點。情緒記錄可以幫助兒童直觀地看到情緒的發生、表現和變化,進一步熟悉自己的情緒。情緒紀錄卡的格式如下表所示。

時段					
情緒感受					
情緒事件					
行為表現／我做了什麼／我說了什麼					

情緒紀錄卡每天一份,時段以情緒事件發生時間為準,也可以記錄幾個固定的時段。例如,起床、早餐、上學路上、放學路上、晚餐後等,或者以客觀的時間劃分間隔,每小時為一個時段。情緒感受分為「高興、生氣、傷心、害怕」四種基本情緒,也可以使用表情貼紙代替文字。學齡前兒童可以由父母或

第三章 「教養」情緒—兒童情緒的調節

教師協助記錄，小學階段的兒童可以自己記錄。情緒紀錄卡適用於各個階段的兒童（也同樣適用於高中生、大學生和畢業後的成人），由於兒童的年齡不同，可以修飾情緒紀錄卡。根據情緒紀錄卡的記錄情況，父母可以和兒童有一個關於情緒的分享。情緒紀錄卡不僅讓兒童直觀地看到自己的情緒，也協助父母覺察兒童的情緒變化，提升父母的元情緒能力。情緒紀錄卡中記錄了情緒感受，還有兒童的情緒反應，便於父母進行相應的行為指導和情緒調節，當兒童進入小學高年級，還能夠用於自我反思。

第三種方式：繪製心情曲線圖。心情曲線圖由橫縱座標軸組成，橫座標表示時間，縱座標表示心情狀態。根據情緒感受的強度，開心的情緒，繪製點在橫座標的上方；低落的情緒，繪製點在橫座標的下方，然後將每個情緒對應點連線起來，就形成了心情曲線圖。

其中，時間軸可以是一天的時間，也可以是一週七天，還可以是一個月。圖中的情緒對應點可以根據情緒紀錄卡繪製，也可以直接在對應的時間處繪製。縱向的心情軸也可以數位化，好心情標記從「+1」標記到「+10」，心情低落從「-1」標記到「-10」，根據每個情緒猜想的分值繪製。由於相關繪製規則受到兒童理解能力的影響，心情曲線圖適合小學高年級以上的兒童使用，或者由父母繪製。心情曲線圖可以直觀地看到情緒的變化趨勢，時間軸的時間跨度越長，越便於發現情緒的週期性變

第二節　和情緒成為朋友

化。當進入青春早期的兒童繪製了心情曲線圖，可以看到情緒的劇烈起伏，有利於兒童自我覺察，發現自己的情緒特點；有利於父母的指導性溝通，也便於應對青春期兒童掩飾真實感受的情況。

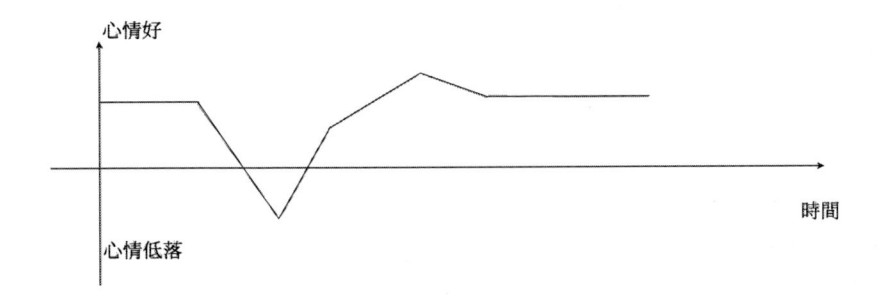

```
       心情好
         ↑
         │      ╱╲___╱──────
         │     ╱
─────────┼──╲─╱─────────────→ 時間
         │   ╲╱
         │
       心情低落
```

　　第四種方式：製作情緒風車。風車是一種簡單的摺紙玩具。在風車的每個車輪上寫下兒童當天經歷的主要情緒，並把不同的情緒塗上不同的顏色。當風車轉動時，不同的情緒經歷會呈現不同的顏色狀態。製作情緒風車，對各年齡階段的兒童有不同的效果。對於學齡前的兒童，可以由父母和兒童一起完成，這是一個情緒溝通的過程，也是一種親子互動的方法。對於小學階段的兒童，可以由兒童獨立完成。當兒童進入小學階段，大部分的時間在學校，父母無法得知其在學校的完整經歷，而兒童在學校裡經歷了情緒事件後，可能十分興奮，情緒過於高亢，可能情緒低落不願意再次陳述，可能感受到委屈，卻不能很好地表述。當兒童把情緒寫在風車上，這同時也是一個訊號，父母根據兒童今天的情緒風車，有的放矢地知道兒童的感

073

第三章 「教養」情緒—兒童情緒的調節

受。在製作風車的過程中，每種情緒對應了一種顏色，將情緒的分類增加了一種表示方式，從新的一種角度促進兒童對情緒的理解。

情緒並不複雜，但父母有時不知道如何分類情緒、描述情緒，也無法清晰地傳達給兒童如何表達自己的情緒。本節分享的幾種方法都是在協助父母和兒童拉近與情緒的關係，學習熟悉情緒詞語，記錄情緒的發生，認同並接納情緒。隨著兒童年齡的增長，兒童也可以寫情緒日記，更詳細地寫下情緒事件、情緒感受和自己的情緒表現。當兒童將自己的情緒當成一件平常的事情，那麼情緒的任何狀態就不會讓兒童或父母手足無措，也不會被刻意忽視。

第三節　向情緒坦誠心事

當兒童的情緒發生，根據他學會的情緒表達規則，他知道在公開場合，要保持風度和禮貌，他懂得為了讓父母開心，暫時隱藏修飾真實的感受。但是情緒並不會自己消失，最後往往導致兒童陷入某種情緒感受中無法緩解，造成情緒困擾。為了鼓勵兒童的情緒表達，可以透過一些方式幫助兒童將情緒合理順利地表達出來，傾訴坦誠自己的心事。

第三節　向情緒坦誠心事

　　畫情緒。兒童對繪畫有一種天然的喜愛，每個兒童都有拿起筆就塗畫的階段。這些看上去沒有規則、難以辨認的塗鴉亂畫，其實是兒童自我內在感受的一種表現，屬於兒童表達情緒的方式和語言。繪畫能夠幫助兒童傾訴心事。即使是成人，準確地描述自己的情緒感受也不是一件容易的事情，對兒童來說更是難以做到。繪畫是兒童和成人都可以使用的自我情緒控制、宣洩和穩定情緒的重要方法。在繪畫作品中，兒童可以透過顏色、線條、細節、形狀等將內心難以用語言描述的情緒傾訴出來，進而釋放、宣洩焦慮、喜悅、憤怒和恐懼等被隱藏或被壓抑的情緒。父母和其他成人養育者可以透過兒童的繪畫，幫助兒童形成自我情緒調節機制，賦予兒童繪畫的意義。在日常生活中，成人養育者需要替兒童創設適宜、沒有壓力的繪畫氛圍，這有利於兒童的無聲傾訴。在繪畫的過程中，鼓勵兒童自由地描繪，但是要避免評價兒童的作品像不像、好不好看、對不對。側重於提高兒童對繪畫的興趣和樂趣，避免父母的個人意圖參與過多或者目的性過於明顯而妨礙了兒童繪畫的積極性。繪畫的方式可以自由一些，繪畫本、塗鴉牆、故事書的扉頁、筆記本的空白處、閒置的白紙都能夠方便兒童隨時隨地地自由作畫。在學校裡，也可以透過集體活動、藝術手工課、美術課、班會，配合學習和活動主題設定繪畫環節，在課餘和活動延展、活動小結的環節為兒童創設表達情緒的空間。

　　繪畫的主題不需要特別限定，兒童可以自由地畫想畫的內

第三章 「教養」情緒—兒童情緒的調節

容，風景、人物、動物、雜亂無章的內容都可以。然而，當父母覺察到兒童正處於情緒困擾，急需一個出口的時候，也可以透過一些主題，有目的地引導兒童表達。例如，當兒童的情緒困擾與自我認知有關，父母可以引導兒童繪畫自畫像，自畫像不局限於人像，也可以是動物和物品。只要兒童畫出關於自己的當下感覺就可以。當兒童的情緒困擾和家庭有關，可以讓兒童畫出我的家。同樣地，繪畫內容可以不是現實的家庭場景和家庭成員，只要畫出兒童喜歡的、嚮往的家庭生活就可以。繪畫的主題可以是「我的願望」和「我想去的地方」之類，一個簡單的主題可以給兒童一個傾訴的出口。此外，父母也可以和兒童一起繪畫，從一條曲線、一個方形開始，由兒童新增聯想到的內容，然後父母加上相應的形象，合作完成完整的內容。如果兒童把曲線變成了下雨的雲朵，父母不妨畫上避雨的雨傘和雨衣，為畫中的內容新增保護和支持，讓兒童感受到不論什麼樣的情況，父母都可以信賴。情緒調節不一定是有聲的，繪畫是一種無聲的傾訴。同樣地，父母也可以在畫中做出無聲的回應。

在看到兒童繪畫的時候，成人養育者會希望得到相關的解讀知識和技能，希望從兒童的每個作畫細節解讀兒童。兒童畫作解讀在心理學和教育學中，有很多研究人員探索和總結，在不同情緒狀態下，兒童選擇的顏色會有不同，在看到無明顯情境主題的作品的時候，兒童可以做出不同的情緒解讀。尤其學

第三節 向情緒坦誠心事

齡前兒童選擇顏色傾向於情感喜好而不是是否好看。但是這些解讀通常是對特定兒童群體的解讀，涉及的相關知識也比較複雜。而且繪畫本身已經是心事的傾訴，內容解讀並沒有那麼重要，父母和教師不必糾結於此。對於兒童的畫，父母可以簡單回應：我看到畫中畫了……只陳述，不評價。引導兒童把畫中的內容進一步清晰地表述出來。或者編一個故事，按照畫中的情節將故事發展下去，傳達給兒童安全和陪伴。

我訊息傳達法。兒童的情緒並不是都無法直接表達的。在人際交往的互動中，情緒困擾的一部分原因就是在情緒發生時，那些情緒化的表達使情況陷入更糟糕的境地。兒童或得意忘形、或泣不成聲、或怒不擇言，表達出口的語言都是情緒化的。表達情緒不同於情緒化的表達，表達情緒是讓對方接收到自己的真實感受和準確需求，情緒化的表達卻是激動、憤怒的，對方接收到的是不滿和不可溝通。兒童被情緒感受困住，無法準確清晰地傳遞出訊息，成人養育者需要做的引導是與兒童一起分析問題的原因，引導兒童學習正確的情緒表達方式。在情緒化的狀態下，人們的表達都是以「你」為主語的，不論成人和兒童，都急於指出對方的不足：「你怎麼可以這樣做？你憑什麼這樣對我！」兒童面對父母時會說：「你們為什麼不懂呢？」父母也會對兒童強調：「你就是不聽話是不是？」這種表達強調了對方的所作所為，引發的結果通常是對方的敵對感、自卑感和防禦狀態，甚至憤怒。有時兒童在向成人轉述情緒事件的時

第三章 「教養」情緒—兒童情緒的調節

候,也是用這種類似評價和總結的方法:「他欺負我!他就是小氣!」這時,兒童傳遞的都是關於對方的訊息,沒有自己的感受和需求,父母接收到的也都是不確切的訊息。回應也是片面的。因此,可以讓兒童試著在表達的時候,將主語轉換成第一人稱「我」,使用我訊息傳達法:「我不喜歡你這樣的語氣。」、「我感到生氣,因為你拿走了我的書。」

我訊息傳達法以第一人稱表述,首先描述對方的言行;其次表明自己對此的感受;最後說明帶給自己的影響或結果。在描述對方的言行時,使用「我看到/聽到/發現⋯⋯」作為開頭,「我看到媽媽把我最喜歡的玩具拿給了他們玩」、「我聽到同學替我取外號」,對於這些「我」發現的行為,「我感到不開心」、「我感到難過」、「我覺得委屈」⋯⋯「我希望媽媽經過我的同意再拿我的東西」、「我被大家嘲笑了」⋯⋯我訊息傳達法的每一步,都使用具體描述,引發情緒的行為越具體,越便於父母了解兒童的想法。在幫助兒童使用我訊息傳達法的時候,父母可以透過選擇式的提問,逐漸清楚誘發兒童情緒的行為。詢問兒童看到了什麼、聽到了什麼,是因為行為,還是因為某句話而有了不同的感受,最後呈現給兒童一個清晰的連結。

轉換表達情緒的人稱,將情緒感受還給兒童自己,傳達給兒童,情緒是自己的感受,並不僅僅是對他人行為的回應。在表達過程中將「你」替換成「我」,表達出的訊息是平等的。同時便於兒童表達出真實的情緒,得到父母的理解和幫助。不論是

第三節　向情緒坦誠心事

在情緒誘發情境中，還是向成人養育者轉述情緒發生過程，使用我訊息傳達法，能夠幫助兒童正確傾訴情緒和需求，完成情緒感受調節。

情境模擬與角色扮演。情境模擬是學校教學過程中經常使用的一種教學方式，主要透過情境過程的虛擬再現，讓兒童理解事件發生過程，在短時間內提高認知理解能力的一種方法。在情境模擬過程中，會有不同的角色出現，角色扮演就是由成人養育者和兒童扮演不同的角色，讓兒童參與其中，或者以旁觀者的方式，理解每個角色的感受。當兒童有了某種情緒，言語表達和傾訴需要兒童具備一定的語言表達能力，也受到父母元情緒能力的影響。父母對情緒問題的解讀，與兒童當下感受的共情，都會影響兒童建立自己的情緒調節機制。父母傳達的訊息對不同年齡階段、不同理解能力的兒童來說，有時則成了阻礙。再現情緒誘發情境，將兒童帶回互動的情境，更便於兒童的理解，甚至不需要父母過多的言語勸導，兒童的情緒感受就可以自然地表達紓解。藉助情境，兒童還可以覺察到更多沒有覺察的感受，透過語言和非語言的互動，將凍結阻滯的情緒帶出來。由於得到父母對情緒感受的認可，兒童的情緒困擾也可以得到緩解和調節。

成人養育者在運用情境模擬和角色扮演的方法時，創設的情境可以是真實情境的再現，也可以是未來情境的設想，也可以是真實情境的變形。以虛構的故事呈現，能夠吸引兒童參

第三章 「教養」情緒—兒童情緒的調節

與和理解就可以。情境中的角色可以由兒童扮演自己，或者扮演誘發情緒的另一方，或者扮演成人角色。角色設定不要太複雜，角色扮演以誘發思考為根本目的，並非考驗參與者的演技。也可以讓兒童當觀眾或導演，父母扮演兒童，由兒童決定故事的走向。角色扮演過程中，父母也可以是觀眾，由兒童擔任導演，角色由玩偶代替演出，更全面地覺察兒童的感受。總之，情境的再現和參演人員沒有特別限定，只要兒童能夠理解就可以。

情境模擬過程中運用了一些專業的心理教育的技術。最核心的技術是角色互換。首先由兒童扮演自己，再現情緒誘發情境；其次角色互換，由兒童扮演情境中的另一個主角，表現出兒童期待的反應，以回應和肯定兒童當時的情緒感受。透過對兒童的認同，鼓勵兒童將真實情緒紓解出來。同時父母也可以觀察到兒童隱藏在情緒背後的需求。角色的交換有利於兒童理解情境中的另一個人的感受，清晰自己的情緒帶給他人的困擾。不僅兒童自己會有情緒感受，對方也會有，因為情緒是同時發生的。第二個技術是照鏡子。父母可以模仿兒童的動作、態度、語言來表現兒童的模樣，兒童可以從旁觀者的角度看到自己，同時看到自己的情緒，進而產生對情緒後果的領悟，主動完成情緒管理。在一個親子電視節目中，有一個7歲的男孩因為對環境的新奇，整個情緒都在興奮狀態下，當主持人宣布遊戲規則的時候，他只沉浸在自己的好奇情緒中，一直東張

第三節　向情緒坦誠心事

西望,不能集中注意力。晚上他和父親獨處的時候,父親將白天的情境再現,讓男孩扮演主持人宣布規則和講話,父親扮演男孩白天的狀態,然後詢問他的感受。男孩很快就理解了自己做得不對的地方,懂得了情緒表達規則,以及如何控制情緒。第三個技術是獨白。獨白不同於角色的臺詞語言,而是角色的內心想法的呈現。父母可以暫停情境,引導兒童把想法表達出來。情境模擬也可以由兒童自己進行,當兒童可以調節自我情緒、獨立使用角色扮演、一人分飾多個角色時,獨白能夠澄清沒有覺察到的想法,將情緒主觀感受顯現出來。第四個技術是未來投射。幫助兒童表達對未來的期望和感受。情境模擬不局限於過去,也能夠展現未來。情緒調節指向的是未來,當兒童再次出現類似的情況,如何自我管理和自我調整。模擬的情境需要有一個結局,父母和兒童一起討論並把期待放在當下表現出來,透過對情境走向的建構,增進兒童對期待的理解,學會情緒調節的方法。

兒童的行為養成多是透過模仿習得的,模仿潛移默化地發生,角色扮演運用在無意識的模仿中進行,透過有意識地引導實現兒童的情緒表達和調節。面對兒童的情緒困擾,帶領兒童回到情緒誘發的情境,一起分析情緒是如何發生的。在日常生活中,角色扮演不必刻意創設,兒童的遊戲中有很多機會。這樣情緒調節就可以在兒童的遊戲中自然發生。

第三章 「教養」情緒—兒童情緒的調節

情緒管理樹。為了引導兒童表達出當下的情緒感受,父母的直接詢問有時不會得到想要的答案,那麼可以透過間接詢問的方式獲得資訊。兒童的語言表達能力、情緒描述能力都在發展中,父母的詢問策略隨著兒童的能力發展不同而變化。引導兒童將情緒表達出來,得到父母、教師和朋友的理解,兒童的情緒困擾便緩解了許多。情緒管理樹是一幅由大樹和無差別的人物形象構成的圖畫,是一種情緒管理輔助工具,圖片中的人

第三節　向情緒坦誠心事

物沒有明顯的性別和年齡差異，每個觀看圖片的人都可以用圖片中的人物狀態代表當前的自己、當前的情緒，也可以用來認知自己、辨識他人、覺察關係。

　　情緒管理樹適用於學齡期及以上年齡的兒童使用，透過父母提問兒童回答的方式達成兒童情緒感受的表達和調節。隨著提問的問題逐漸深入，兒童便會逐漸袒露感受，漸漸認知自己和辨識他人的情緒。首先，根據兒童當前的情緒提問他們看到了什麼。例如，在這棵樹上誰最開心？誰最好玩？誰最難過？誰在傷心？誰有心事？誰最孤單？在兒童熟悉了圖中的人物之後，繼續第二個階段的提問，提問關於兒童的判斷和認知。例如，圖中哪個人物是在關心別人的？哪個人物可以成為警察？哪個人物能夠成為領導者？哪個人物這樣做是錯的，甚至會犯罪？哪個人物有受傷、死去的風險？第三個階段的問題將兒童帶入圖中，問題圍繞兒童的感受以及與圖中人物的互動。例如，誰是目前的你？你最羨慕誰？誰最令你害怕？你最不想和誰在一起？你會選擇誰做你的朋友？你最想去誰的身邊？圖中誰是爸爸媽媽？圖中誰是你的老師？每個階段的提問數量並不限定，問題也不必固定，成人養育者可以根據兒童的參與情況選擇。在兒童回答之後，需要進一步追問原因和推斷依據。情緒管理樹可以和一個兒童進行，也可以是多個兒童組成小組一起進行。以小組的形式，兒童能夠看到其他人表達出的感受，會發現相同的情緒，也會發現與自己認知判斷完全不同的答

第三章 「教養」情緒—兒童情緒的調節

案。每個問題沒有標準答案,在陳述和互動中,兒童完成了傾訴和表達,在聽到他人的回答時,內心也會自覺地對比修正,因此,小組有時會比單獨個人的效果更好。當兩個好朋友發生爭執,當幾個同學之間有了矛盾,父母和教師可以把他們聚在一起,面對這棵樹上的人回答,分享彼此的情緒,問題也就解決了一半。透過圖片,兒童會領悟自己,認知他人,逐漸發現大家厭惡排斥的都是那些危險憤怒的人,大家追求的是安全與快樂。

每個人都有傾訴的渴望,尤其在經歷了內心碰撞的時候。兒童很想將情緒感受的起因、經過和結果向信任的父母訴說,卻沒有機會和途徑。父母有時著急,有時激動,有時控制不住評價,直接給出結論,這不能幫助兒童形成自己的情緒調節機制。情緒管理樹是一個可以藉助的工具,父母在使用的時候不必給出過多的結論,只要營造信任的傾訴環境,讓兒童感受到不論自己的訴說是怎麼樣的,父母都願意接受。父母在教養兒童的過程中不斷傳遞自己的價值觀念,但是兒童還在成長過程中,年齡和生活經歷的差異永遠不可能消除。所以,在藉助這幅圖畫的時候,父母依舊要禁止評價。情緒管理樹不僅可以幫助兒童表達情緒,也能夠幫助兒童覺察自我,審視人際交往情況。如果你願意,現在父母也可以自我提問上述三個階段的問題:圖中的哪個最像自己?哪個最像你的孩子?為什麼?身為爸爸或者媽媽,你們的感受和判斷是一致的嗎?

表達情緒和宣洩情緒並不完全相同，眼淚、尖叫、大笑……宣洩情緒的目的是盡情地釋放，表達情緒側重於清晰地傳遞出情緒感受，是一種傾訴。傾訴情緒是宣洩的方式之一，是父母可以選擇幫助兒童建立情緒調節策略的方法。有時情緒縈繞在身邊，傾訴之後，才會更好地發現問題在哪裡。不論父母是何種元情緒，藉助情緒覺察策略，幫助兒童紓解感受、坦誠心事，兒童將建立屬於自己的合理的情緒調節機制。

第四節　情緒調節 ABC 理論

父母希望兒童每天都感受著正面情緒，因為正面情緒讓兒童產生正面的行為，而負面情緒會讓兒童失去做事和學習的興致。持續的某種情緒狀態的確會影響兒童的行為。然而現實卻是即使兒童經歷了同樣的事件，卻並不一定產生相同的情緒，相同的情緒也不能推測出必然的行為。這使得父母在調節兒童情緒的時候更加為難。因為，兒童經歷的事件並非直接導致情緒感受，其中還有一個重要環節，這也是情緒調節 ABC 理論所闡述的內容。情緒調節 ABC 理論由美國心理學家亞伯特‧艾利斯（Albert Ellis）所提出。他認為同樣的生活事件（Activating event），之所以引發不同的情緒感受和行為（Consequence），是因為每個人對生活事件的想法、信念、解釋和認知（Belief）不

第三章 「教養」情緒——兒童情緒的調節

同，符合理性的 B，會產生合理的正面應對的情緒和行為，不符合理性的 B，會產生非理性的情緒困擾和負面行為。

兒童進入學齡期，主要的生活任務是學習，情緒誘發的主要事件也離不開學習。當學習成績下降，或者某次考試成績不理想，有的兒童會認為這是自己太笨了，學習能力不足，複習準備了這麼久卻得到這樣的結果，學習沒有希望，從此一直鬱悶、自責，失去了學習的信心，不再投入學習；有的兒童覺得這只是一次偶然的考試結果，是自己沒有全心投入，只要再努力一點，下次成績一定會提高，因此會更加投入學習。兒童對世界的認知尚不完善，時常陷入不合理的信念中。即使是成人，對發生事件的信念也不一定都是合理的。艾利斯總結了常見的十一種不合理信念。

「我一定要得到所有對自己重要的人的喜愛與稱讚。」被自己在意的家人、朋友和教師喜愛是每個學生都期待的，但是這種喜愛卻不是永遠不變的。和朋友會發生矛盾，和家人會有意見不同，也會受到教師的責罵，有時這些重要的人也會表現出對其他人的喜愛。當兒童執著於一定要獲得身邊的人對自己的喜愛，並且不論是什麼情況下都要稱讚自己，往往使兒童設法取悅父母，按照父母的期待參加各種比賽競賽，按照父母的喜好選擇才藝班和學校。一旦做不到或做不好，兒童就會陷入沮喪、失望，感覺被冷落。有時兒童表現出的情緒是憤怒和急躁，有時表現出的是內疚和自責。父母需要告訴兒童，只要不

第四節　情緒調節 ABC 理論

是被身邊人時時排斥和事事厭惡,哪怕只有一個人稱讚自己,就能夠確定自己是被喜愛的。

「我必須各個方面都有能力,這樣才是有價值的。」父母經常向兒童傳遞「望子成龍」的期待,然而父母期待看到的是自己的孩子獲得努力、勤勉的特質,有能力勝任將來的生活。但是兒童一旦將自己的個人價值與能做到的成績建立起連繫,兒童只會不斷追求完美,一旦失敗就會深陷痛苦,被無盡的焦慮包圍。沒有一個孩子能夠在各個方面都有成績,每個人的精力有限,能在某些範圍內做出一些成績,就是有價值的,人的價值不會因為某件事情的成功或失敗而受損傷。父母此時需要認可兒童已經做到的事情,避免和兒童強調你其實還可以做得更好。

「世界上的壞人、惡人、做錯事的人,必須受到譴責與懲罰。」世界並不是只有一種判斷標準,好人也會犯錯,壞人也有好的一面。一件好事或者壞事,不能評判這個人的本質。不必因為同伴做了一件不符合自己標準的事情,就一定要懲罰他。也不必因為一件不理解的事情,就覺得教師是惡人,必須讓教師受到譴責。兒童對行為結果和行為原因的區分理解需要到小學高年級才能逐漸理解,父母要注意兒童的道德發展階段,引導兒童包容和理解自己不認同的行為,避免陷入不合理的憤怒和極端行為中。

「當事情的發展不如自己的預想,是悲慘可怕的。」兒童期待對事情的掌控,尤其青春期的兒童渴望成人般的獨立,當

第三章 「教養」情緒—兒童情緒的調節

事情不如意的時候,會手足無措,甚至有大難臨頭的感覺。父母可以幫助兒童尋找應對挫折的方法。凡事的走向受到很多因素的影響,不論什麼樣的發展,什麼樣的挫折,都不是最終的結局,都還有改變的機會。面對生活中的各種事件,兒童要關注自己的努力,而不是事件某一刻的結果。當事件的結果不如意,就努力地改變它,如果結果不能改變,就嘗試接受它。

「我的痛苦和困惑、不快樂,都是外在因素引起的,我無法控制。」情緒感受並不是由外在的事件引起的,而是由內在信念判斷決定的。信念是兒童主觀的想法,可以學習與調整,由此引發的情緒也是可以改變的。畢竟,同樣的事件不會誘發每個人相同的情緒感受。情緒感受的發生不能完全控制,但是情緒調節是每個人都可以掌握的技巧,每個人都可以找到適合自己的調節方法。

「那些危險的、可怕的事情,必須隨時注意、隨時隨地關注它的發生。」那些還沒有發生的危險,指向未來的擔憂,就是焦慮。焦慮使得兒童不能平靜,一直沉浸在不必要的檢查和準備中。危險的事情很可怕,提前做一些準備是必要的,但關注需要有一個程度,要控制在不影響日常生活的情況下,隨時隨地是不必要的。隨時隨地的關注不僅表示謹慎,也顯示兒童不敢面對這些危險的事情,一旦事情發生,自己不能承擔後果。父母可以讓兒童多了解所擔憂的事情,增強危機應對的信心和勇氣。那些可怕的事情不一定發生,我們可以做好充分的準備。

第四節　情緒調節 ABC 理論

就算發生了，也要勇於面對危險。

「面對生活中的困難和責任太難了，逃避反而更容易。」當假期就要結束，堆積的作業沒有完成，有這種認知信念的兒童並不會抓緊時間補救，反而自動忽略，完全避開作業的相關問題。當和朋友因為某事發生矛盾，這種想法支配下的兒童會躲開矛盾事件，開始溜走當作事情沒有發生。然而問題不會因為忽視就自然消失，反而還會導致更糟糕的結果。兒童的煩躁情緒也不會得到緩解。父母可以做的是引導兒童嘗試面對困難，並給予相關的方案和支持。透過主動的行動，發現困難和責任並沒有想像中那麼難。

「我必須依賴比自己更強的人才能夠生活得更好。」依賴是一種不自信和不成熟，認為自己做不到，甚至拒絕獨立和成長。兒童階段很多生活應對的確都需要依賴父母，但是隨著年齡的增長，兒童逐漸能夠自理，關於學習、生活、規劃都可以獨立完成。過分誇大依賴的必要性，忽視了兒童的自主性，導致兒童產生不安全感和惰性。父母在日常生活中鼓勵兒童做一些力所能及的事情，保持人格的獨立。每個兒童都可以成長為有能力的個體，可以向更強的人求助，但是不能讓自己的生活完全由他人做主，畢竟父母不能替代自己生活。

「一個人過去的經歷和事件，決定了目前的行為，而且這種影響永遠不可改變。」過去的經歷和事件確實是不可改變的，但是過去並不能決定現在，現在的認知和行為取決於對過去經歷

第三章 「教養」情緒—兒童情緒的調節

的理解與想法。如果兒童認為自己有能力應對，兒童就可以積極學習和生活；認為自己必須依賴他人，就會偷懶和逃避。同樣地，過去也不能決定未來，未來的事情還沒發生，未來的價值判斷也會變化，是不可預測的。有的教育理念過分強調了過去的經歷，尤其曾經的傷痛。因為痛苦是難以消除的，父母也因此小心翼翼。然而那些影響不是決定性的，影響是可以改變的。父母不必過於擔心，要傳達給兒童成長的信心，每個人都可以透過自身努力改變現在的現狀。

「一個人應該關心他人的問題，並為之感到悲傷與難過。」兒童的共情能力自嬰兒時期就已經具備，成人養育者也不斷鼓勵兒童的同理心。共情同理應是一種期待，而不應是一種要求。讓兒童因此陷入悲傷而不能自拔，甚至覺得他人處於痛苦中，自己也不可以輕鬆快樂，則表明兒童陷入了不合理的認知連結。沒有人能夠完全替代他人的感受，過分投入他人的事情，對事件和他人來說都是無意義的。共情他人感受是為了理解和體諒，而不是將對方的情緒轉嫁到自己身上。父母需要告訴兒童，關心和同情他人的處境是一種很好的品格，在有能力的情況下不吝援手就好。即使無法提供幫助，也並不意味著關心是虛假的。共情與提供幫助之間沒有必然的關係。

「每個問題都必須有一個正確、完美的解決辦法或唯一的答案。」兒童在學習過程中總是伴隨著正確答案，導致了這種觀念從試卷中轉移到生活中，凡事都必須找到正確的、唯一的

第四節　情緒調節 ABC 理論

答案。然而生活事件並不是數學題，比如選擇玩具，並不存在哪個玩具是最完美的唯一選擇，也不存在哪個人是最完美的好朋友。有些問題的答案不是唯一，有些問題甚至沒有適合的答案，執著於那個明確的答案，兒童只會迷惑和沮喪。並不是所有的問題都有正確而完美的答案，探索和思考的過程比答案更重要。

導致情緒困擾的不合理信念有如此之多，總結起來，可以歸納為三個主要的特點：絕對化、過分概括和糟糕至極。絕對化是指那些從自己的意願出發，認定某件事情一定會發生或一定不會發生的信念。通常的表述中會帶有「必須」、「一定」。比如，「我必須是第一名」、「朋友必須誇獎我」、「做錯事一定要受到懲罰」、「一定要得到所有人的喜歡」等。過分概括，即以偏概全，通常展現在評價觀念中，以某件事或某幾件事的結果評價自己或他人的全部，一旦失敗，就認為自己一無是處，沒有價值，或者認為他人很壞，沒有任何能力，導致自責自卑、憤怒責備。糟糕至極是認為一件不好的事情發生，會導致更多不好的事情發生，認為一個糟糕的結果會帶來可怕的、災難性的後果。關注點總是圍繞負面的資訊。如果這次的英語測驗不理想，自己的英語學習也不會提升，整體學習成績也就沒希望了，以後也就沒有機會去想去的學校，未來也就沒有希望了。

在運用情緒調節 ABC 理論的時候，父母首先要幫助兒童尋找到情緒事件 A，分析對情緒事件 A 的不合理信念 B，以及導

致的不良情緒和行為C。然後與兒童一起將B轉變為合理信念，最後建立新的情緒感受。不合理信念轉變的過程是一個循序漸進的過程，父母可以概括出兒童的觀點，然後詢問兒童，這樣想的依據是什麼，怎樣證明這個想法是正確的。這個過程不是說教的過程，舉例子比道理更易理解，關鍵詞的轉換比句子轉換更易實現。這個過程受到兒童年齡和理解力的影響，比較適用於小學高年級以上的兒童。幾種不合理信念可能同時出現，不合理信念和合理信念也可能交互出現。父母也要注意覺察自己的認知是否合理。每個兒童或成人，既可以是理性的，也可以是非理性的。按照理性去思考，將感受到更多的正面情緒，並且使行動充滿成效。

第五節 留出兒童和情緒的相處空間

小陳是一個10歲的男孩。暑假時，他要一個人參加一場為期五天四夜的成長營。成長營中有一半的兒童是小學生，一半的兒童是國中生。小陳和幾個同齡的小學生一起坐著遊覽車來到成長營。由於是最後一批報到的成員，小陳的寢室裡已經有三個男孩入住，當時正是晚餐前，早一天報到的孩子已經在成長營裡幫忙和玩耍了。小陳第一次來到這裡，和這些孩子都不熟，他站在寢室門口，一直皺著眉頭，看著院子裡跑來跑去

第五節　留出兒童和情緒的相處空間

的其他孩子。成長營的指導教師擔心他不適應，問他累不累，東西有沒有放好。小陳只是搖頭，不說話，有點孤單的樣子。教師雖然擔心他，但是沒有想到什麼辦法。過了一會兒，小陳離開寢室，被幾個跳遠的小學生吸引了注意力。這幾個孩子來自同一所學校，他們的跳遠遊戲規則只有他們幾個知道。很多孩子都被吸引過來旁觀，有比較大膽開朗的孩子看了幾個回合之後就主動加入了。小陳也有點感興趣，指導教師站在他身邊問他：「你看懂他們的規則了嗎？要不要一起參加？」小陳還是不說話。又過了一會兒，指導教師悄悄和正在遊戲中的一個比較外向的孩子示意，讓他去叫小陳。那個孩子跑過去，一把將小陳拉了進來，兩個人沒有什麼語言交流，一個對視和一個微笑，小陳就加入了遊戲，露出了到成長營後的第一個微笑。

這是一個兒童成長營的指導教師的觀察故事。兒童在未成年之前，身邊圍繞著各種成人養育者，每個成人養育者都承擔著教養的責任。在看到兒童的愁眉苦臉時，總會想要詢問或想辦法解決。然而這個干預的時機如何把握？兒童當下的狀態是可以順其自然轉變的，還是需要成人養育者的指導呢？是需要專業的干預技巧，還是只要提供一點協助呢？在上述的故事中，這位指導教師的參與是必要的嗎？這位指導教師在成長營的接觸中發現，小陳的個性比較內向，但是很有主見，他不喜歡交流，善於獨自思考、獨立解決問題。如果是熟悉小陳個性的父母和教師，他們是否會只是旁觀，等待小陳的適應呢？

第三章 「教養」情緒—兒童情緒的調節

兒童的情緒狀態反映了兒童對環境和他人的感受,然而並非情緒剛發生就要立即跟進。成人養育者需要有耐心地等待兒童情緒的發生過程,並且需要區分兒童的情緒反應、兒童的情緒困擾和情緒心理問題之間的區別。正常狀態下的情緒反應是兒童必經的過程,成人無法杜絕兒童的負面情緒感受。開心的事情喜上眉梢,憤怒的事情橫眉冷對,但是只有正面情緒的兒童也無法正常地成長。兒童因為某種情緒的持續感受,甚至陷入某種心境,導致焦慮煩惱,影響了行為,自己無法調節時,父母和教師的幫助就可以發揮作用了。而當兒童的情緒困擾持續的時間比較長,父母和教師已經無法幫助改善,成了情緒問題,影響了心理健康,則需要專業的心理諮商師或者心理治療機構的介入。情緒狀態是判斷兒童心理健康的標準之一,如果兒童的情緒能夠保持平和、穩定和愉悅,他就是心理健康的。平和是指心境寧靜,不浮躁;穩定是指情緒平穩,沒有大起大落;愉悅是指心情愉快。父母在覺察兒童的情緒時,如果兒童一段時間內的情緒紀錄,整體上符合這六個字的特點,則可以運用自己的經驗指導和協助兒童形成自己的情緒調節策略。這幾個特點的衡量因兒童的個性而有不同。有的兒童個性好動、活潑,喜歡與人交往,興趣廣泛,注意力難以集中,這種個性的兒童大部分時間情緒愉悅,雖然心境常起伏,但也屬於穩定的。有的兒童精力旺盛,直率衝動,情緒起伏較大,雖然心境穩定,但是寧靜的時候比較少。有的兒童則穩重、沉默,反應

第五節　留出兒童和情緒的相處空間

比較慢，喜歡安靜，情緒穩定不願外露，相對來說情緒大起大落時的表現也不是很明顯。兒童的個性在兒童階段已經表現出明顯的特點，父母要在尊重兒童的個性類型的基礎上判斷其情緒的變化，而不是從成人自己的角度理解。有些時候，需要給兒童一個自己和情緒相處的機會。

父母每當面對兒童的問題，從來都是關心則亂，常常對兒童的情緒狀態做出不好的結論：「你這樣不行，開朗一點才能被大家喜歡。」、「我的孩子陷入憂鬱了。」而且父母也對兒童之間的差異十分敏感，總在不經意間流露出比較。「你怎麼這麼膽小，你看別的男生都是勇敢的，這有什麼可怕的！」、「我家孩子特別沒有耐心，××多好，事情做得又細心又好。」這些評價和比較，就像是一個個標籤，貼在了兒童身上。父母只是想表述自己的期待，但是兒童卻在潛意識中使自己的行為越來越貼近這些標籤，反而陷入急躁，越來越不能控制住情緒對行為的影響。兒童在成長過程中，每個適應社會的技能都在不斷地成長、成熟，情緒調節的技能也是如此。在兒童獨立應對情緒時，父母需要克制自己，盡力鼓勵。鼓勵不同於誇獎，比起「你真活潑」、「你真勇敢」、「太好了，男子漢就是要忍住眼淚，能屈能伸」，那些具體的平和的表述「你做到了在大家面前保持微笑」、「你控制住了自己的憤怒」，更能清晰地傳達給兒童他們做得好的地方。成人養育者，尤其父母，對兒童教養和引導的時候，敏感、急躁，且目標設定永遠只有更高、更好。考試達到

第三章 「教養」情緒—兒童情緒的調節

了90分,會補上一句:「下次要考到更高分!」數學測驗得了第一名,會補上一句:「英語測驗也要得名!」有的父母秉持著激勵的方向,卻忽視了兒童的自我成長空間。有的父母的敏感表現在總是對兒童的境況表示擔憂,這樣下去會更糟糕的。陷入心理問題的兒童比例只占5%左右,而且這其中只有1%的兒童嚴重到需要持續治療。

兒童心理健康的標準,除了情緒狀態,還包括智力正常、自尊自愛、能夠客觀地評價自己和他人、有良好的人際關係、穩定協調的個性、熱愛生活、心理活動與心理發展與年齡特徵相適應。如果只是其中某一方面出現狀況,並不能認定兒童出現心理問題。心理健康是一個動態的、不斷變化的過程。判斷心理健康與否,考察的也是一段時間內兒童的各種心理狀態的平衡。當兒童的不良情緒在某些現實衝突中持續了一段時間,才有可能是心理狀態的平衡被打破了。評判心理問題的程度,有一系列標準化的流程,例如,首先判斷是否是心理問題,確認後,判定心理問題的程度是一般心理問題、嚴重心理問題,還是精神官能症、精神類疾病,最後才是根據不同的症狀判定是何種問題的結論。有時,還需要藉助心理測量工具進行。很多父母跳過了前面的流程,首先查詢了各種症狀,然後就判定兒童是心理問題,這是不準確的。此外,在心理界定方面,只有精神障礙屬於心理異常,各種程度的心理問題都在心理正常的範圍內。心理正常的兒童的問題可以由具有心理諮商資格的

第五節　留出兒童和情緒的相處空間

心理教師或心理諮商師處理，心理異常的兒童可以由臨床精神科醫生處理。心理問題與兒童的身體疾病是一樣的，專業的諮詢和治療有助於兒童的成長。如果兒童的種種表現令父母棘手或已經干擾到日常生活，父母首先要反思是否可以改變某些固化的教養方法，或尋找專業支持。

　　情緒與兒童一起長大，兒童總會找到和自己的情緒相處的方法，找到適合自己的情緒狀態、情緒表達和情緒調節策略。不妨給兒童一些與情緒相處的空間，需要的時候父母再出面。當遇到挫折和困境，人們會產生一種反應狀態，並隨著環境變化而變化，最終完成在心理上的調節和適應，這種能力叫做心理彈性。心理彈性在生理系統內首先發生，從兒童階段就已經在發揮作用。心理彈性像是心理狀態中的一根彈簧，會隨著適當的練習和經驗不斷增強。在兒童遇到情緒困擾的時候，心理彈性也會發揮功能。兒童是具備自己完善情緒管理的能力的，父母可以適當地等待，給予兒童自我成長的信任。當兒童來求助的時候，父母不妨詢問他：你自己有沒有嘗試過什麼樣的方法呢？這些方法產生了多少作用？肯定兒童做得好的地方，分析他做得不那麼好的部分，鼓勵兒童累積自己的經驗。哪怕兒童說我沒有辦法，我不知道該怎麼辦，也表明他嘗試過，只是沒有得到想要的結果，向父母和其他成人養育者求助，這也是他做的努力之一，並且是一個很有效的嘗試。只有兒童把這些情緒調節的策略納入自己的情緒管理中，才是真正的成長。

第三章 「教養」情緒—兒童情緒的調節

第六節 讓情緒「動」起來

　　所有的情緒調節方法，並沒有哪一種是萬能的。有時兒童可以採取和父母、朋友聊天傾訴的方法，有時暫時的離開、迴避也有一定的幫助，有時迎難而上才能快刀斬亂麻……兒童在情緒調節時，選擇何種方式，不取決於擅長的策略或認同的觀念，而是取決於問題的本質。事先將所有的問題情境教給兒童，讓兒童掌握自主判斷的能力，對成人養育者來說並不是一個好的策略。隨時保持警惕，在問題發生後隨時待命，不僅在實務上難以操作，還對兒童的成長有一定的阻礙。而且在日常生活中，兒童情緒大部分時間都處於可控的範圍內。在兒童沒有表露出明顯的情緒波動時，成人養育者其實可以透過一些日常練習，增強兒童的整體情緒管理能力。

　　情緒的三個要素是主觀感受、生理喚醒和外在行為。其中主觀感受和外在行為都是在情緒情境中才誘發的，而生理狀態除了情緒情境的喚醒，在人體內部隨時都在發生。已有研究發現，調節生理喚醒程度可以緩解情緒感受，達到情緒調節的結果。因此，在日常生活中，父母可以透過一些讓身體動起來的方法，調節肌肉的緊張程度、自主神經的喚醒狀態，讓情緒也隨之「動」起來，為情緒發生和情緒管理做好準備。

　　體育運動。保持身體和生理活性的最好方法就是體育運

第六節　讓情緒「動」起來

動。很多研究都已經證明，長期堅持鍛鍊能夠有效預防憂鬱和焦慮。第一，運動能夠提升整體的健康程度，包括生理健康和心理健康。面對壓力事件，身體狀況良好的人與身體狀況較差的人相比，身體緊張程度和交感神經系統活動（呼吸、心跳、血壓、腎上腺素等）的程度相對要低，更有利於情緒調控。第二，運動能夠促進一種神經傳導物質「腦內啡」的活躍，它的釋放能夠幫助身體自然止痛，不僅會緩解物理疼痛，也會緩解疼痛的情緒主觀感受。在身體內部，有很多的神經傳導物質調節著身體的生理活性，進而影響情緒主觀感受。第三，透過身體的舒展，促進了生理內部植物性神經系統的調節，體溫升高、心跳平穩、呼吸程度增加，腎上腺素的降低。透過生理變化感受到正面情緒，能夠幫助兒童從負面情緒相關的生理喚醒中恢復到正常狀態。儘管每個兒童獲得快樂的來源不同，但是運動後的生理變化與愉悅、輕鬆、幸福的生理感受相似，運動可以成為快樂的來源。第四，情緒發生時，適當的運動能夠幫助兒童轉移注意力，暫時從那些壓力情境和情緒中脫離出來。逃避不是緩解情緒的好策略，但是暫時地轉移注意力，也可以避免兒童陷入更糟糕的情緒主觀感受，就像去聽音樂、玩遊戲、看動畫一樣，幫助兒童避免陷入失控，在離開情緒情境後再平和地傾訴或做其他調整。第五，長期的運動可以改變心境感受，心境是一種持久的情緒主觀感受，甚至會讓所有的即時情緒都染上心境的特點。運動能夠使兒童的心境在一定時期內保持平和穩

第三章 「教養」情緒─兒童情緒的調節

定,為那些突發的強烈情緒做好某種程度的預防和準備。

然而,並不是所有的運動都能夠為情緒調節積聚力量。從頻率上看,偶爾一次的體育鍛鍊並沒有特別的效果,長期的堅持鍛鍊才會發揮運動的種種益處,固定的時間、固定週期的運動量更有利於兒童身體的調適。比如,每天半個小時的慢跑,或者每週一個小時的籃球。從運動的強度來說,中等強度的運動量比較適宜兒童心境的改變和生理程度的喚醒。比較低強度的運動,生理喚醒程度不足,身體體驗感下降,比如,從社區門口步行回到家裡,時間短、強度低,無法稱為運動鍛鍊。過於劇烈的運動超出身體負荷,會讓兒童的心情更差。比如,像運動員一樣,反覆訓練,隨時練習,這超過了兒童體育鍛鍊的目的。從運動方式上,有同伴參與的、引發兒童興趣的運動,更能促進兒童的正面感受。爬山、游泳、慢跑、騎車等都可以參考。同伴參與,不局限於必須是團隊合作的運動。在運動過程中,有其他共同興趣的夥伴,或者父母的共同參與才是重要的。運動的目的是增強身體的生理活性和感受愉悅,如果只是父母在旁邊監督,不斷地督促,從兒童的感受上來說,就變成了一種消耗體力的才藝班。因此,體育班從這個意義上來說不屬於情緒調節的運動鍛鍊。父母在運動方面不要取巧。親子之間的運動也可以透過遊戲達成。比如,跳繩、跳舞、滑冰、各種球類遊戲等。總之,趣味的、同伴參與的、適量的運動才是適合兒童與情緒一起動起來的體育鍛鍊。

第六節　讓情緒「動」起來

運動習慣的養成有很多方法，由淺入深、強度逐漸增加都是可以的。最初的運動計畫可以帶著兒童從嘗試出發。制定一個清晰的運動計畫有利於父母和兒童的共同參與和堅持。在運動或遊戲過程中也可以設定一些小而具體的目標，鼓勵兒童的進步。兒童各方面能力的成長離不開父母的陪伴與指導，運動也是父母與兒童的一種互動。在陪伴兒童體育鍛鍊的時候，把運動融合於日常，不必將運動單獨劃分出來，否則反而會成為兒童額外的成長負擔。

放鬆訓練。放鬆與運動並不矛盾，都是能夠緩解肌肉緊張程度和生理喚醒程度的方法。讓情緒「動」起來的方向有正向的也有反向的。透過肌肉的放鬆可以實現心理的放鬆，能夠對抗情緒情境引起的生理喚醒。放鬆訓練也可以稱為鬆弛反應訓練，透過反覆的練習，兒童可以逐漸學會有意識地控制自己的生理活動和心理活動，增強內部的自我控制感，從而降低生理喚醒程度，實現情緒管理。放鬆訓練不僅能夠在情緒過程中發揮功能，也能夠未雨綢繆，調整因為緊張反應造成的紊亂。放鬆訓練主要的途徑是消除肌肉的緊張。兒童可以透過冥想、肌肉放鬆訓練來達到放鬆。在放鬆的時候，首先需要找到一個安靜的環境，同時離不開父母的協助。在父母的口頭提示下，完成放鬆訓練。當兒童熟悉了這個過程後，可以做到獨立放鬆，並能夠在情緒激烈起伏時完成自我調適。

肌肉放鬆訓練的過程是這樣的：選擇一個相對安靜的空間，

第三章 「教養」情緒—兒童情緒的調節

讓兒童以一種舒適的姿勢靠坐在柔軟的沙發或者椅子上，閉上眼睛，雙臂可以自然下垂，也可以放在扶手上，把手錶、手鍊、項鍊之類的束縛拿掉，必要時把兒童比較緊的袖口和領口的扣子解開。首先透過深呼吸，將兒童的注意力集中在自己身上，父母也可以引導兒童把注意力放在自己的一呼一吸之間，或者引導兒童想像自己靜坐在湖邊或喜歡的風景中。然後在父母的指導下，兒童從手臂開始，逐漸感受身體每個部位緊繃——放鬆的過程。第一個部位是手臂：用盡全力握緊拳頭，保持3秒鐘，然後鬆開拳頭。父母在指引的時候，要不斷強調握緊，可以使用這樣的語言：「用最大的力氣握緊你的拳頭……再緊一點……很好，再緊一點……很好，保持住，再保持一下……很好，現在鬆開拳頭。」父母可以透過不斷重複語言來計數，而不是讓兒童自己計算3秒鐘。鬆開拳頭之後，指引兒童彎曲手臂，保持住手背和前臂的緊繃，保持時間和引導語言可以相同，然後讓兒童鬆開前臂。接著是肩部，從左肩開始，聳起肩膀向耳朵靠攏，靠攏得越近越好，保持3秒鐘再鬆開肩部；再到右肩，聳起肩膀向耳朵靠攏，重複左肩的過程。如此達到整個手臂的放鬆。第二個部位是頸部：首先將頭向後緊緊靠在椅背上，感受頸部和後背的緊繃，保持住再放鬆；然後將頭向前向下伸出去，將頸部繃緊，保持頸部的肌肉收縮，保持住再放鬆；接著是胸部的肌肉，深深地吸一口氣，讓這口氣充滿胸腔，憋一會兒，保持住，再慢慢將這口氣呼出去。第三個部位

第六節 讓情緒「動」起來

是背部：將整個背部向後彎曲，彎曲程度到最大，感受背部肌肉的緊繃，保持一會兒，再放鬆回來。第四個部位是腿部：首先伸直雙腿，保持雙腿的緊繃，保持 3 秒鐘，再放鬆；然後將雙腳的腳尖盡全力向上指，感受到雙腳和小腿的肌肉的緊繃，盡量保持住，然後放鬆。在逐步完成放鬆之後，停頓一下，讓兒童感受一下放鬆的狀態。最後睜開眼睛的時候，父母可以給兒童一點準備時間：「在我從 5 數到 1 的時候，就可以睜開眼睛了。」

以上是一個完整的肌肉放鬆的過程，第一次嘗試練習的兒童花費時間會比較久，大約 20～30 分鐘。父母在指導兒童之前，也可以自己按照這個過程嘗試一下。練習過程中幾個需要放鬆的部位，有的兒童可能需要重複幾次，有的兒童可能本身這個部位已經放鬆了，可以進行得比較快甚至跳過。父母在引導的時候，語言需要溫柔、平靜，聲音小一些，這是引導過程而不是命令過程。在首次練習之後，也可以讓兒童說一下感受，如果還有哪個部位依舊是緊繃的，再將這個部位的緊繃──放鬆過程重複一遍。練習一段時間，兒童可以學會放鬆，甚至可以在 2～3 分鐘很快進入放鬆狀態。當兒童在考試前出現緊張，也可以坐在教室裡快速地舒緩情緒。肌肉放鬆的場所和順序都不是固定的，兒童也可以在睡前躺在床上重複整個過程，不僅能夠達到身心的放鬆，還有助於促進睡眠。

冥想放鬆。首先找到一個相對安靜的地方，如臥室、書房、

第三章 「教養」情緒—兒童情緒的調節

心理諮商室、一個人的客廳；其次播放一段輕柔的音樂，跟隨音樂透過簡單的肌肉放鬆過程放鬆下來。如果無法集中注意力，也不用擔心，可以在內心重複單調的聲音或想像見到的物體、形狀，將注意力集中起來。冥想放鬆會有一段指導語，類似：「我現在靜靜地躺在沙灘上，周圍沒有其他的人，只有藍天白雲，湛藍的大海，岸邊是高大的椰子樹，身下是綿綿的細沙，我感到無比的舒暢……」或者「當你安靜下來的時候，你會聽到音樂的聲音，請繼續調整呼吸，深深地吸氣，慢慢地呼氣，在吸氣的時候想像把大自然新鮮的空氣、燦爛的陽光，把舒服的感覺、愉悅的心情，透過吸氣帶進體內，充滿全身……」通常這段指導語可以透過網路途徑查詢到，並且有已經做好的錄音。父母只要提前做好準備工作就好。這裡需要注意的是，冥想放鬆中描繪的情境都是美好祥和的畫面，但是有的兒童可能剛剛接收到相關的負面資訊，或者與之相關聯的不好的記憶，對森林或者大海比較排斥，這些事物不能使兒童放鬆，反而加劇兒童的糟糕感受。在選擇冥想指導語之前，可以讓兒童描述自己喜歡的、舒服的場景，以便於選擇。

感受放鬆，合適的環境很重要，不論採取哪種放鬆方法，首先需要提供兒童一個安靜舒適的環境，這包括兩種：客觀環境的安全，比如，陽光充足，座椅柔軟，進行期間不會有人打擾等；心理環境的安全，比如，父母、朋友、信任的人的陪伴，父母引導過程中不做評價等。軀體的放鬆可以實現身心的放

第六節　讓情緒「動」起來

鬆，而心理的放鬆也能夠感受到一定程度的身心放鬆。心理感受的放鬆同樣需要在一個有安全感的地方進行。兒童心理層面的安全感離不開成人養育者營造的氛圍。兒童能夠在成長環境中，透過與他人的互動，獲取情感和物質上的支持，進而建立的一種關係網路，在心理學中稱為社會支持系統。社會支持系統能夠支持人們從遭受的痛苦和變故中恢復到常態。系統越完善，遭遇心理問題和困擾的可能性就越低。一個完備的社會支持系統包括親人、朋友、同學、同事、鄰里、教師、上下級、合作夥伴，以及由陌生人組成的各種社會服務機構。當兒童有了穩定的支持，就可以獲得心理上的安全感和放鬆，從另一個角度達到放鬆的效果。

　　表情練習。人體的肌肉不僅分布在軀幹四肢，還分布在臉上，每個表情都是面部肌肉協調的結果。根據情緒的生理學理論，情緒刺激事件引起了感覺器官的神經感應，傳遞至大腦的神經中樞，再由神經中樞傳遞出來，最終形成情緒感受和生理程度的變化。如果在沒有情緒事件的情況下，主動改變兒童的感官感受，是不是也能夠讓兒童感受到一些特定的情緒呢？有一種觀點認為，可以透過表情練習，完成一定程度的情緒調節。如果現在瞪起眼睛，緊咬牙關，皺緊眉頭，是否感覺到有一股氣堆積在胸口？如果舒展眉毛，將嘴角上揚，嘴巴微微張開，又有什麼樣的感受呢？前者是憤怒的表情，後者就是高興的表情。如果常常練習那些正面情緒的表情，兒童就能夠增強

第三章 「教養」情緒—兒童情緒的調節

表情動作的控制,輔助兒童應對壓力情境,進而達到緩解情緒的目的。例如,感到焦慮時,兒童可以把嘴巴大大地張開,做一些擠眉弄眼的動作,有意識地調節面部肌肉,或者用手輕搓面部,使面部肌肉放鬆,激發輕鬆的情緒感受,進而降低焦慮。在進行表情練習時,可以結合兒童情緒認知和表達的方法,讓兒童觀察鏡子中自己的表情,以及他人的表情特點,然後總結自己開心、愉悅、幸福的表情,當然也可以新增相應的肢體動作。表情練習並不是讓兒童學會表演,偽裝掩飾情緒,這只是日常生活中情緒管理技能之一,父母要避免功利化的極端,適當地練習、總結即可。

縱使兒童沒有覺察到身體內部各種神經系統的啟用和運作,每個兒童的身體內部隨時都在發生巨大的變化。情緒的生理喚醒也是如此。情緒狀態是動態起伏的,也是週期往復的,即使此刻兒童的情緒主觀感受是平和的,在其身體內部依舊有自主神經系統的調節。情緒一直處於「動」的狀態,兒童可以運用情緒的「動」,整合情緒管理和調節。

兒童的情緒管理不是只在情緒發生時才出現,在日常生活中不斷累積情緒調節的方法,才能夠有力量應對情緒困擾。如果兒童的心情一直平穩愉悅,小小的起伏和大大的意外引起的波動都將在可調控的範圍內。父母在協助的過程中,需要注意的是,運動鍛鍊和放鬆訓練只是方式,最終的目的是讓兒童增加對身體機能的調控,每個兒童、每對親子都會有適合自己的

「動」的方式，尊重兒童的感受，尊重父母的界限，讓情緒透過合理的、有趣的、潛移默化的、科學的方式「動」起來。

第七節　延遲滿足與情緒調節

隨著年齡的增長，兒童逐漸掌握了壓抑需求和欲望的能力。觀察兒童的行為，就會發現兒童不僅能夠根據情境掩飾真實感受，還能夠有意識地控制自己的情緒，暫時不要生氣，或者要等到假期再慶祝。心理學家認為這與兒童的延遲滿足能力有關。延遲滿足是一種為了未來更大價值的目標而克制此刻的欲望不去滿足的一種能力。例如，兒童想要盡情地玩遊戲，但是明天要交的作業還沒有完成，為了能夠在沒有負擔的情境中輕鬆、盡情地玩遊戲，兒童選擇先專心完成現在的作業，那麼就表示兒童具有一定的延遲滿足能力，如果兒童做不到放下遊戲，反而一邊玩遊戲一邊寫作業，或者一定要先玩遊戲才能寫作業，則表示兒童的延遲滿足能力有待提高。延遲滿足能力展現了兒童的一種自我控制。兒童的成長過程和學習過程都需要發揮自我控制，情緒調節也同樣是一種自我控制。

1960 年開始，美國心理學家做了一個關於延遲滿足的經典實驗：研究人員找來幼稚園裡 3～5 歲的兒童，然後把每個兒

第三章 「教養」情緒——兒童情緒的調節

童分別帶到一個房間裡。房間裡只有一張桌子、一把椅子，桌子上盤子裡擺放著兒童愛吃的棉花糖和餅乾。研究人員告訴兒童，他們將離開一會兒，兒童可以吃掉桌子上的零食，但是如果他們能夠在研究人員回來之前忍住不吃，研究人員會再送給兒童一份棉花糖和餅乾。房間裡有個按鈴，要是兒童想吃掉，可以按鈴，研究人員會馬上回來，但是到時就沒有獎勵了。隨後，研究人員離開房間。結果，孩子們表現出各種不同的反應，有的兒童沒有等待也沒有按鈴，直接吃掉桌上的零食；有的兒童只是盯著桌上的零食，大約半分鐘，就按鈴叫回了研究人員；還有的兒童嘗試了一些辦法讓自己等待下去，他們捂住自己的眼睛，轉過身體，或者做出一些額外動作，如踢桌子、拉扯衣服和頭髮等，甚至會碰觸零食，這些兒童顯然很煎熬，3 分鐘後，煎熬的兒童中有一部分按鈴結束了自己的焦慮，也有的兒童小心地拿起零食，把上面的奶油舔掉，再放回原處，裝作沒有動過的樣子，當然還有一些兒童堅持到了 15 分鐘後研究人員回來，並得到了獎勵。這些兒童在實驗過程中展現的就是自己的延遲滿足情況。可見，即使在同一個年齡階段，延遲滿足的發展也有很大的不同。

　　回想兒童的行為，他們天生使用的是即時滿足的適應策略，新生兒從不會考慮忍耐和控制，隨時發出需求不滿的訊號，延遲滿足更像是後天學習的結果，是兒童的社會化適應。紐約大學的神經生物學家約瑟夫・勒杜克斯（Joseph E. LeDoux）提出，

第七節　延遲滿足與情緒調節

大腦中有兩個主管忍受和調節的結構，分別是杏仁核和海馬迴。當兒童感覺到因為欲望被延遲滿足導致的痛苦時，杏仁核就會發出訊號，在瞬間做出反應，迴避痛苦，滿足願望，但是杏仁核的這些反應是沒有任何區分的，甚至是失去控制的，它不會區分當前的情境是否適合這樣反應，或者壓抑欲望後能夠獲得更多。而海馬迴可以根據後果和情境阻止訊號，理智地分析，調節呼吸和心跳，讓兒童冷靜下來，做出適合的反應。兒童的延遲滿足情況就是杏仁核和海馬迴共同運作的結果。杏仁核在兒童出生時已經發育成熟，所以新生兒都處於即時滿足的狀態。海馬迴的功能則是在成人養育者的照料下逐漸在兒童的大腦中完善的，所以兒童的延遲滿足能力是後天逐漸完善的。這也表明兒童的延遲滿足是可以透過某些方法促進其發展和形成的。

　　心理學家給出一種方法——代幣法。當兒童提出某種需求的時候，與他達成逐步實現的協議。比如，和兒童做一個約定：想要買這個玩具，需要用累計的行為獎勵兌換。在日常生活中，兒童每次做到一件事情，如小考排名不下滑、每天慢跑 30 分鐘、幫忙洗碗之類，父母就送給兒童一顆星星／小花作為獎勵紀錄，當累計 5 次或者 10 次，就可以兌換多少價錢的玩具，或者可以兌換某個願望。這個過程就是兒童的等待和延遲滿足。剛開始，為了比較小的、不那麼強烈的需求，兒童可以用較少的獎勵紀錄兌換，比較大的、強烈的願望可以用較多的獎

第三章 「教養」情緒—兒童情緒的調節

勵紀錄兌換。兒童逐漸體會到等待、滿足、自我調節的過程。這種方法還有助於規範兒童部分不良的行為。在這個過程中，最重要的是父母設定的獎勵標準一定是清晰、明確、統一的，而且父母與兒童之間彼此信任這個規則。兒童只有在充分信任父母行為的情況下，才會去遵守。

兒童是否願意去等待，受到對環境信任和目標實現可能性的影響。如果父母對兒童說：「你彈好這首曲子，就帶你去公園。」可是怎樣是「彈好」呢？這是一個過於模糊的標準。兒童彈了一遍沒有失誤的，父母說再來一遍；兒童彈了一遍很流暢的，父母說再試試另一首曲子。結果就是兒童彈了一遍又一遍，最後耗盡了兒童的興趣和耐心。到最後兒童終於練習了兩個小時，父母說，外面天氣太冷了，我們下次去。如此幾次，兒童只會要求先去公園才願意練琴了。這時兒童的延遲滿足策略隨著父母的行為發生了調整。他們不再信任父母的規則，只體會到延遲滿足的痛苦。如果父母能夠改成：你能夠專心練琴兩個小時，我們就去公園玩 1 個小時；或者你能夠連續 3 次零失誤地將這首曲子彈完，我們就去公園玩半個小時，情況或許會有不同。當然父母也要接受，兒童可能 10 分鐘就完成連續 3 次零失誤。這時父母需要記得練琴的目的，不是為了讓兒童有兩個小時的時間不要來煩你，而是為了技能的熟練。此外，父母設定的目標一定要是可實現的，對於年齡越小的兒童任務目標越直觀、時間上越短越好。這也提醒家長，如果對兒童強調

第七節　延遲滿足與情緒調節

的目標是「等你長大你就可以怎麼樣」之類，並不會激起兒童的延遲滿足的發展。

　　不過，仍需要注意的是，延遲滿足的目標指向未來，在已經知道未來會有一個更有價值的、滿足的目標的情況下，克制當前欲望，這個過程不是單純地要求兒童等待、拒絕，也並非壓抑兒童的欲望，或是直接讓兒童去除當前的願望。克制的過程是焦慮糾結的，如果沒有那個目標，練習的不是兒童的自我控制，而是增加兒童的不良感受。很多成人養育者喜歡觀察兒童的各種行為，也會在兒童成長過程中模仿各種實驗，如假裝迷路和給嬰兒吃檸檬。也有家長模仿延遲滿足的實驗，告訴兒童桌子上的櫻桃要等我回來才能吃，然後離開房間，觀察兒童的行為，或者把遊戲機擺在兒童面前，看他能夠忍耐多久。不過這是一種錯誤的延遲滿足理解，因為兒童沒有「未來的更想得到的目標」。生活中大部分未來目標由家長設定，考上某所高中，獲得某個獎項，然而這些目標足夠正確，卻不一定有足夠吸引力。延遲滿足不是一種目標實現的途徑，而是當即時滿足的目標和可見的長遠目標擺在面前時，如何控制自己為了長遠的、更好的目標而努力。

　　延遲滿足是兒童有意識的行為，並且會自己尋找一些方法實現。這個過程展現了兒童的自我控制，在情緒調節的過程中也發揮了重要作用。已有研究發現，改變認知的情緒調節策略，相較於壓抑情緒的策略來說，延遲滿足任務的成績比較

111

第三章 「教養」情緒─兒童情緒的調節

高。也就是說,當兒童面臨需要延遲滿足的情況,調整認知、理念,要比壓抑對未來目標的渴求更有幫助。這也表明兒童的延遲滿足會隨著對目標的理解和信念而有所調整,這與兒童的成長、成熟有關。上述的棉花糖實驗,研究人員進一步的研究發現,那些最終堅持下來的兒童的學業成績要高於那些沒有按鈴而直接吃掉零食的兒童。而且這些沒有等待的兒童在生活中表現出的問題行為也比較多。兒童的情緒調控在成長過程中,不僅在情緒事件中發揮作用,還與兒童的很多成長技能相關聯。每個成長技能的熟練和掌握,在某種程度上伴隨著指向未來的意義。這些技能的本質,就是透過兒童提升自己對認知、行為、情緒的更多的掌控,在遇到困境的時候,能夠很快地尋找到解決策略,緩解心理壓力,調適自己恢復到正常水準。有勇氣為了心中的理想,在合適的時間做合適的事情,應對未知的困難。兒童的情緒管理從來都不是可以單獨剝離出來的。

第八節 情緒化學習與情感化學習

　　情緒和情感一直以來都相互交織在一起,它們都是人們對客觀事物的態度。情感經常出現在學校教育綱要和家庭教育指導策略中。2011 年,國外提出學校課程教育的目標必須包含三個維度:知識與能力維度、過程與方法維度、情感態度與價值

第八節　情緒化學習與情感化學習

觀維度。學校教育不僅要傳授知識和能力，還需要結合教師教學與學生學習的方法，同時培養學生的興趣以及對學習和未來的正確態度。如果能夠觀察現在教師的教案，會發現在每一堂課程中，教師在情感態度與價值觀維度同樣設立了教學目標。情感成為兒童成長的更高層級的心理活動。情感包含了影響學生學習過程和學習效果的相關因素，如學生的學習興趣、行為動機、自信心、克服困難的意志、合作的精神、和諧健康的品格和國際視野等。不論父母和其他成人養育者是否已經有所預設，對兒童的教養以及情緒調節能力的關注、終極期待也基本如上所述，期待兒童形成完善的情感態度與價值觀，形成完整的人格。

　　情緒和情感概念相同，為了更容易理解情緒和情感的區別與關聯，心理學家做了一些總結：情緒更多地反映了兒童的生理需求，是兒童與生俱來的一種反應和態度；而情感反映了兒童的社會需求，是兒童在交往過程中逐漸形成的。情緒相對更加外顯，由情境誘發，並且具有一定的衝動性；而情感則比較穩定，更加深刻且是內隱的。從某種程度上來說，情緒是情感產生的基礎，兒童的情緒感受不斷豐富、累積，形成穩定的情緒感受，再形成情感。正如嬰兒累積了對母親的喜愛和正面情緒，逐漸形成對母親的愛。當情感逐漸穩定，面對相關事物的時候，會激起相關的情緒。當兒童形成對母親的愛，而被母親忽視時，會引發兒童的妒忌和苦惱，當兒童被母親親近時，會

第三章 「教養」情緒—兒童情緒的調節

引發兒童的欣喜。情緒和情感逐漸成為兒童面對每種事物時的兩個側面，有時兒童情緒的根本原因是情感，有時情感會影響情緒的外在表現。通常情感主要反映三種內容：道德感、理智感和美感。道德感依據的是一定的社會標準，是兒童在評判他人的觀念、動機和行為的過程中的一種情感，它反映了兒童關於對錯、原則和制度的態度。理智感是兒童在認知活動過程中表現出來的好奇心和求知欲。美感是兒童對自然的和非自然的現象產生的一種關於美的情感感受。這與一直以來所謂的「真、善、美」相對應。而兒童時期所有的情緒與情感的發展情況的最直觀表現，就是其對學習的影響。父母面對兒童的成長問題時，不可避免地會想到，這會不會影響到孩子的學習呢？情緒和情感對兒童的學習確實有著一定的促進作用。

在情緒起伏狀態下，成人依舊會受到影響，或衝動，或壓抑。兒童在情緒狀態中，其學習表現不盡相同。首先很多研究都發現，在不同的情緒狀態下，兒童的學習結果和表現都不同。通常在正面情緒狀態影響下，如愉悅、開心狀態下的兒童的學習成績有很明顯的提高，並且更容易打破思維定式，有助於解決創造性的問題，展現出更大的認知靈活性。而在負面情緒狀態影響下，如焦慮、恐懼、憂鬱等，會對兒童的學習產生不良影響。這基本上與父母已經掌握的常識一致。但是具體的負面情緒對學習的影響又有很多差異，例如，較低和較高的焦慮都不會促進兒童的學習，只有中等強度的焦慮能夠促使兒童

第八節　情緒化學習與情感化學習

認真地學習。在記憶方面，情緒喚醒狀態下，不論是正面情緒還是負面情緒，都比沒有情緒喚醒的情況下，記憶效果要好。誘發情緒能夠提高兒童的記憶效果，在正面情緒下，兒童會採用內容聯想的方式記憶；在負面情緒下，兒童採用具體內容的記憶方法。整體來說，一定的情緒啟用狀態有利於兒童的學習和知識運用，其中正面情緒帶來的學習效果要高於負面情緒。因此，父母和學校會有意識地為兒童營造舒適愉悅的學習環境，隨時誘發兒童的情緒，適當製造緊張感，開啟某些情緒狀態。有時父母常常抱怨輔導兒童作業過程的煎熬，越輔導，兒童錯得越多，自己也越來越無力。這其中或許是父母的種種焦急煩躁的表情和語氣，誘發了兒童的恐懼、自責、焦慮，進而影響到兒童的判斷、訊息加工、知識回憶，導致越寫越不會。父母不妨深呼吸，做一下放鬆訓練，轉換語氣和氛圍，嘗試誘發兒童的正面情緒。適時地對兒童努力的肯定、毫不吝嗇的稱讚誇獎、一些驚喜的小禮物，以及對兒童取得的任何成績的認可，都可以在某種程度上激發兒童的正面情緒，也能夠激發和保持兒童對學習的成就感與自信心。有時父母擔心過多的誇獎會令兒童驕傲，心理學家的建議是，如果之前一貫的挫折打擊並沒有發揮好的效果，不妨轉變一下思路，畢竟兒童情緒誘發的感受性是有著個體差異的，況且，當逐步累積的負面情緒轉化為負面情感時，將更加難以調整。兒童的學習任務和作業通常都是枯燥的，兒童在學習中感受到的挫折也會越來越多。能

第三章 「教養」情緒—兒童情緒的調節

夠引起兒童愉悅的物品或願望成本也會越來越高。如果兒童尚未形成對學習的內在正向動機，父母需要使用外部事物保持兒童的學習行為，需要注意的是，誘發兒童的情緒不是單純地滿足兒童的欲望。賦予意義、認知層面的理解，以及營造舒適的環境是比較適合誘發兒童正面情緒的方法。或者可以參照第七節的內容，誘發延遲滿足的行為發生。

當兒童在所誘發的情緒下學習，可以認為是一種情緒化的學習。情緒化的學習策略可以解決兒童即時的學習任務。當兒童無法順利地背誦一篇詩詞或者解不開一道數學題的時候，家長可以協助兒童，播放一段音樂或者影片，適當地誘發情緒或者製造緊張氛圍。但是兒童的學習並不是一次性的任務，而是一件長久的事情。父母和成人養育者需要幫助兒童建立關於學習的、更穩定的態度，保持正面的情緒感受，實現一種情感化的學習。情感化的學習是一種透過有明顯情緒傾向的事物實現兒童建立指向學習的一種情感化的設計。研究發現，外部誘惑下的正面情緒只能提高部分學習成績，並且成績還會受到學習動機和心理努力的影響，而情感化的設計引起的正面情緒提高的成績內容更多，而且不受其他因素影響。因此，如果父母能夠從更深層次誘發兒童對學習和知識內容的正面情緒，那麼對兒童的學習促進是更直接、更持久的。

行為心理學家發現，環境中一個中性的物品，原本不會誘發兒童的情緒反應，如一張星星貼紙、一隻體形比較大的狗，

第八節　情緒化學習與情感化學習

但如果把這個物品與能夠喚起情緒反應的刺激，比如，表現好就可以得到一張星星貼紙，關於狗傷人、攻擊人的資訊，匹配一定的次數之後，這些中性物品也能夠引發某種情感反應。這個過程就是情感化學習，也叫做評價性學習。情感化學習是把生活中的物品賦予情感意義的過程。這與在某種情緒狀態下學習不同，它不局限於知識學習本身，表現了兒童與環境建立連繫的過程。有時兒童對某些物品表示出無法解釋的喜愛或厭惡，對某些行為有著莫名的熱衷和排斥，這都與情感化學習有關。情感化學習通常在無意識的情況下發生。紅紅不喜歡練琴，但是媽媽每週都會送她去上鋼琴課。紅紅發脾氣、鬧彆扭都被媽媽化解了。沒辦法，紅紅不得不每週壓抑著情緒去彈琴。紅紅練琴的時候，鋼琴旁邊擺著一盆多肉植物，每次練琴時這盆多肉植物都會時不時地出現在她的視野中。紅紅每次都是算著練琴時間，盡量躲避。一年的鋼琴課結束了，這天媽媽買了一盆多肉植物擺在家裡，紅紅莫名地厭惡這盆多肉植物，總要把它推到別的花盆後面。家裡人都說這盆多肉植物可愛，紅紅卻很不喜歡。此時的紅紅已經透過情感化學習的過程，把對鋼琴課的排斥連結到了這盆多肉植物上。長此以往，也許有一天紅紅會把累積的負面情緒也宣洩在這盆植物上。不僅是兒童，很多家長也有著莫名喜歡或莫名厭惡的中性物品，仔細回想，或許可以找到這個物體曾經關聯的情緒情境。每個人的行為特點都或多或少地展現了曾經的經歷。

第三章 「教養」情緒—兒童情緒的調節

在兒童學習過程中，父母也可以透過情感化學習的原理，將中性物品賦予某種情感意義，當兒童在使用的時候，感受到其連結的正面情緒。例如，兒童書桌上的筆筒是全家一起在遊樂場贏得的紀念品，上面還有一家人當時的合影，每次兒童看到都會想起當時的興奮。或者把對兒童來說有紀念意義的物品擺放在學習空間裡。有的父母可能會有反對的想法：把這些東西放在書桌上，孩子會更加分心，一會兒摸摸一會兒看看，多耽誤時間。兒童將注意力放在這些物品上面，正說明此時觸發了兒童的某種情緒。父母可以說：我也覺得那天很開心，讓它陪著你一起讀書、寫作業，你也很開心吧；等你寫完作業，我們一起看看當時的照片。如果父母阻止，說你就知道玩，趕快寫作業，兒童可能會將寫作業與「妨礙喜歡的回憶」建立起連結，更加拖延，甚至破壞延遲滿足。當然，對兒童有意義的物品，一定是從兒童的感受來說的。可能一次親子運動會獎狀要比數學競賽第二名更讓兒童喜歡，因為親子運動會那天兒童認識了新朋友，玩得特別盡興，而數學競賽的時候自己出現了失誤錯過了第一名。兒童學習空間的布置都是父母擺設的，當兒童排斥在這裡學習，或者偏偏喜歡在家中的某個地方學習時，父母可以比較兩個空間中與兒童情緒有關的物品和擺設，就會發現這其中的祕密了。

情緒化學習和情感化學習是與兒童的學習策略相結合的情緒調節策略。情緒與日常生活事件相關，情緒調節的方式也並

第八節　情緒化學習與情感化學習

不都直接指向情緒本身。與此同時，情緒不僅影響著兒童的學習過程和學習結果，兒童的學習過程和學習結果也會誘發兒童的情緒感受，這就是所謂的學業情緒。通常學業情緒都是一種不愉快的感受。研究發現，學業情緒是在教學和學習過程中，與學業相關的情緒感受。隨著兒童年齡的增長、年級的增加，感受到的負面情緒多於正面情緒。女生感受到的學業負面情緒多於男生。此刻，身為父母或其他成人養育者，不知會有何種感受？是能夠參照前述的策略幫助學生，還是會感嘆情緒為何如此無孔不入？學業情緒調節和兒童的情緒調節之間是有差異的還是相通的呢？學業情緒的誘發事件比較具體，圍繞的都是學習活動。但情緒感受的主體，其實都是同一個兒童。兒童階段的主要生活任務有兩個：學習和人際交往。兒童的情緒誘發事件也離不開這兩個主題。所以兒童所掌握的情緒調節方法和情緒管理方面所做的準備足以應對。不過，至於兒童情緒的誘發事件，如果這個事件是可以改變的，例如，某篇文章背錯了被責罵，或者考試成績下降，那麼在情緒緩解之後，可以幫助兒童尋找改變的方法；如果這個事件是不能改變的，例如，好朋友轉學離開了，期待的表演節目被取消了，那麼還是要關注兒童當下的感受。總之，情緒在兒童的各個生活環節中都會發生，都會產生效應，要相信兒童可以充分利用自己的情緒調節策略。

關於情緒調節和情緒管理的策略，本章從發展角度、感受

第三章 「教養」情緒—兒童情緒的調節

角度和行為角度給出了不同的可參照的方法。其實情緒調節關注的就是兒童情緒的要素、情緒情境的調整、主觀感受的重新評定、生理喚醒活性的控制，以及合理的情緒表達。那麼哪種方法對兒童最有幫助呢？哪種方法會對父母和其他成人養育者最有啟發呢？情緒調節唯一的衡量標準是兒童情緒的紓解。有時兒童可能需要大吃一頓，有時忍不住眼淚也未嘗不可。兒童的情緒調節學習是兒童與情緒相處的過程，父母的指導在教養兒童的同時也在調整自己。兒童處於成長的階段，父母也在成長中，面對情緒，父母有時和兒童處於同樣的起點，需要逐漸區分、認知情緒，需要學會避免情緒化的表達，學會調整關於情緒的理念。給予兒童成長的空間，也是在為父母釋放更多的空間。不論情緒的哪一個方面都對兒童的身心成長發揮重要的作用，但是情緒的哪一個方面都不是單獨對兒童發揮作用，其中還涉及兒童的思維發展、人際交往、自控能力、社會支持系統等。情緒對兒童的學習有著重要影響，但並非唯一影響因素。儘管在某種情緒狀態下，兒童會表現出某些行為特點，但是某個時間點兒童展現的行為特點並不能只歸因於某一個原因。每一種心理和教育理論面向的是整個兒童群體，當面對具體的一個個體時，須謹記情緒調節的目標指向的是兒童的未來，而不是當下某個具體的事件。

第四章
兒童的基本情緒

第四章　兒童的基本情緒

第一節　快樂 —— 笑起來的祕訣

快樂是所有情緒類別中最常提及也最容易被忽視的一種，人們每天都期待自己的情緒是開心、快樂的，然而快樂與開心也是兒童在掩飾真實感受時，最常使用的表面情緒。父母認為兒童快樂就可以了，但是兒童是否真的是快樂的，還需要父母的判斷。在目前的研究中還沒有明確地發現誘發快樂情緒的固定方法。快樂是情緒調節的理想方向，讓兒童一直玩耍，滿足兒童的所有需求，兒童是快樂的，但是父母和其他成人養育者的教養過程卻是在克制兒童的快樂，鼓勵兒童做到延遲滿足。情緒調節之後到底是父母的快樂，還是兒童的快樂呢？這其中與兒童的快樂有關的平衡、保持、合理運用、調控與獲得，都是值得思考的。

喜、怒、哀、懼是四種基本情緒，其中喜的意思就是快樂、開心、愉悅、興奮、狂喜，是當期待、需求與目標達成後的一種感受，有時也被統稱為正面情緒。表示兒童的身心正處於最佳狀態。正面情緒能擴大兒童的注意範圍，增強認知靈活性，促進兒童的思維能力，不僅能夠提高兒童學習，還能夠增進人際信任，對兒童的成長有很多的益處。嬰兒出生後 1～2 天就會有微笑反應，隨著生理需求的滿足，隨著與父母之間的交流增多，兒童逐漸展現出比較多的快樂和愉悅的情緒。在兒童掌握語言之前，父母根據兒童的愉悅情緒判定自己的照料程度。

第一節　快樂—笑起來的祕訣

在很長一段時間的養育過程中，父母都是按照嬰兒階段的照料經驗，將滿足兒童的生理需求視作自己的養育目標：「都吃飽了，怎麼還哭？」、「我給你穿最好的衣服，住最好的房子，你怎麼就不能把精力用在學習上？」甚至在兒童進入青春期，長大成人時，依舊將兒童的生理需求的滿足放在首位：「我家孩子必須住最好的宿舍！」然而，心理學家亞伯拉罕‧馬斯洛（Abraham Maslow）認為人的需求是有層級的，第一個層級是生理需求，包括呼吸、食物、水、睡眠、生理平衡等保障生存所必需的內容；第二個層級是安全的需求，包括人身安全、健康保障、避免痛苦和疾病等；第三個層級是人際交往的需求，也是愛與歸屬的需求，包括對友情、愛情、團隊歸屬的追求；第四個層級是尊重的需求，即自尊、信任、被他人尊重和尊重他人；第五個層級是自我實現的需求，也是追求理想、實現個人價值的需求。這五個層級的需求依次從低到高排列，是依次出現，只有滿足前一個層級的需求，人們才會產生下一個層級的需求。隨著兒童的成長，在生理需求被滿足之後，兒童還渴望安全的環境、需要在人際交往中獲得友誼和歸屬、需要獲得尊重，以及自我價值的實現。如果某個層級的需求沒有被滿足，後一個層級的需求也不會出現。此時的兒童會陷入需求未被滿足的痛苦，無法感受到快樂和愉悅。如果父母發現自己明明已經為孩子提供了很好的生活條件，但是兒童依舊表現出較多痛苦和掙扎，此時不妨對比一下，是否兒童某個層級的需求被限制住了。

第四章　兒童的基本情緒

然而，五個層級的需求通常是無意識的，即使是成人也很少能夠直接表達，父母有時也難以覺察。例如，有的兒童特別喜歡比較，「我的衣服一定要比班級裡所有的同學都貴」、「他們都去這裡吃過兒童套餐，我也要去」。兒童的表現看上去和食物、衣服這些生理需求有關，但是，生理需求是生存必需的部分。這些兒童並不是失去兒童套餐和昂貴的衣服就無法生存。此時，如果父母能夠和兒童耐心平靜地對話，就會發現兒童真實的需求。

「我就是要什麼都比大家好，不然多沒面子，不然他們都會小看我。」——這是屬於尊重的需求。身為父母，此時的你會如何回應？立即指出兒童的錯誤：「你怎麼能這麼想呢！你就不能跟人家比成績？這些衣服呀、吃的呀，都不重要，學習才重要。你要是成績比他們都好，不論你穿什麼吃什麼，誰都不會小看你！」還是慢慢引導：「你看，衣服那麼貴，而且也不能穿一輩子，只有知識是可以跟著你一輩子的，衣服可不能給你面子，讀書才能。」還是會暫時滿足兒童的要求：「好，明天我就帶你去！明天我買給你！但是買給你了之後，你這次期末考試必須考前十名。」三種回應雖然是三種態度，但都沒有給兒童太多空間。其實兒童在渴望獲得尊重的時候出現了不合理的信念，也可以試試由兒童自己發現其中的矛盾：「你是怎麼發現這個規律的？你現在做到什麼都比大家好了嗎？既然沒有做到，大家現在是怎麼看你的呢？在班級裡有沒有並不是所有方面都比大家

第一節　快樂—笑起來的祕訣

好，但是依然被大家喜歡和尊重的同學呢？那些被大家喜歡的人，有什麼特點和共同點？」

「我沒有去過，他們聚會聊天都不帶我去。」——愛與歸屬的需求。此時，父母先不必著急做出結論和回應，可以先問問兒童目前的人際交往情況如何，是經常「不帶他去」嗎？他有什麼樣的感受？尋找和大家相處的方法，以及如何正確看待這種情況。

其實，父母很清楚兒童的喜好，他們喜歡的事物、喜歡的遊戲、喜歡的地方、喜歡的人、喜歡做的事情……也最懂得如何運用不同的喜好引發兒童不同程度的愉悅。尤其是從幼兒階段開始，父母就在累積這些經驗。然而，愉悅的事件和刺激，卻很難找到一個共同的特徵。在研究人員的研究過程中，透過文字、圖片和影片資料引發兒童的情緒，那些讓人氣憤的事件、悲傷的故事、恐怖的圖片，基本上可以找到共同的特點，但是引發兒童快樂的刺激卻是不同的，得到誇獎和稱讚是一種愉悅，但是如果兒童認為這些稱讚是虛假的，反而不會感受到愉悅；看到舒服宜人的風景，會讓兒童放鬆，但是就如冥想訓練的過程，如果兒童有特別的經歷，如剛好經歷過一次在公園的樹林裡與父母走散、看到過關於大海災難的報導等，可能對呈現的圖片就不會有放鬆愉悅的感覺；觀看一些滑稽有趣的漫畫或表情，可以引發兒童的大笑，但是如果這些圖畫兒童曾經看到過，或者其中的情境與兒童某些不好的記憶有關，兒童可能只會尷尬地笑一笑。如此，似乎

第四章　兒童的基本情緒

在面對很多兒童的時候，難以做到讓大家都快樂。這讓教師在面對全班兒童的時候，父母在面對兩個以上的子女的時候，成人養育者在面對多個兒童的時候都感到為難。看到此處，很多父母可能會鬆一口氣，畢竟不少父母現在只養育一個孩子。有時候父母想著，我只要能讓我的孩子開心就好了。然而兒童的共情能力也是與生俱來的，他們能夠感受到其他兒童的負面情緒，也會主動提供緩解情緒的辦法。當兒童只關注自己的情緒，可能會出現令父母更加擔憂的自私行為。而當兒童過於沉浸於他人的悲傷，也可能會導致不合理的信念，讓自己也陷入不良情緒。因此，身為父母或者成人養育者，情緒調節或許是讓兒童感受良好情緒的通用且有效的方法之一。

儘管誘發兒童的正面情緒是成人養育者的難題，但是情緒是與兒童一體的，另一個誘發兒童正面情緒感受的角度，就是讓兒童自己尋找。兒童並不是父母的附屬品，而是獨立的個體，兒童的情緒也是一樣，與其費盡心力觀察和總結兒童的快樂因素，不如給予兒童一個安全信任的空間，讓兒童能夠自己探索，勇於對自己喜歡的事物表露真實的感受，勇於對自己不願意的事物表達拒絕。兒童的快樂其實就是選擇了恰當的活動，拒絕了不恰當的活動。成人養育者作為支持的力量，隨時為兒童的情緒管理提供幫助。有時父母難以放手，擔心給予兒童自由後，他們就失去了約束，只會追求無盡的快樂，導致貪玩、放肆、享樂……若是從情緒的角度來說，兒童的確在感受

第一節　快樂—笑起來的祕訣

愉悅的情緒；若是從行為的角度來說，兒童則可能長時間遊戲忘記了作業，沉浸在自己的情緒中而不分場合地喧鬧。此時的兒童，情緒是沒錯的，但是出現了不恰當的行為。教養指導的目標是不良行為，而非情緒。成人養育者擔憂的是兒童的行為，也非情緒。那麼，可以採取一些具體的方法，如合理的時間規畫、延遲滿足的練習以及我訊息傳達法，讓兒童明白自己的行為對他人產生的困擾，共同商榷可以調整的部分。兒童的情緒與兒童的認知、行為相互交織，成人養育者採取整體的認知角度，更有利於尋找與兒童溝通的合適的方法。

　　6歲開始，兒童能夠區分真實情緒和表面情緒，並且能夠根據情緒表達規則逐漸地隱藏其真實的感受。這其實是兒童的情緒能力發展的表現，但是父母有時並不這麼樂觀，如果兒童一直壓抑隱藏真實的感受，是不是會出現問題呢？有沒有什麼方法能夠準確辨識兒童的快樂情緒，辨別兒童快樂的真假呢？情緒的外在行為是表情和動作，微表情領域提出可以透過一些訊息分辨快樂是真實的還是禮貌性的。當人們發自內心感到非常快樂，展現出笑容時，臉頰鼓起，眼角有皺紋，眼睛周圍肌肉運動，嘴角上揚。如果兒童感受到的愉悅足夠強烈，兒童就會做出這樣的表情。禮貌性的笑容不會有眼部肌肉的變化，但是如果是強度不那麼激烈的愉悅，兒童的表情也可能不會與前文描述完全對應。這些特點只能表明兒童出現這種笑容的時候是真正的開心，但是不能反證。由於個性不同，兒童表達情緒的

第四章　兒童的基本情緒

程度也有差異。

其實，不僅兒童會使用表面情緒，成人也經常使用表面情緒。兒童使用的情緒表達規則和成人是一樣的：禮貌和不想讓你擔心。成人有很多理由掩飾自己的情緒，尤其在兒童面前，更擅長表現出：這不用擔心，媽媽都可以搞定；沒關係的，爸爸都是為了你好。父母的元情緒、父母處理自己情緒的方式也是兒童學習情緒管理的方式之一。如果父母常常隱藏其真實的感受，只用輕鬆的、開心的表面情緒展現在兒童面前，兒童也會覺察，畢竟，兒童的情緒理解能力在小學階段已經達到成人水準。與其父母和兒童之間相互試探，陷入「為了你好」的失誤，倒不如相互坦誠，這也是一種溝通的策略。兒童雖然知識和生活經驗有限，但是情緒方面卻早已發展，父母與兒童、兒童的情緒、自己的情緒坦誠地相處，將會發現新的樂趣。

讓兒童一直感受正面的情緒並不是完美的成長過程，那些負面情緒雖然主觀感受上並不舒服，但是對兒童的成長有著正向意義。已有研究人員發現，負面情緒下，記憶成績比中性情緒的記憶成績要好，而且在負面情緒下，人們有更強的說服力，對事件的歸因更準確，在一個關於分配帶有現金獎勵的試卷的實驗中，負面情緒狀態下分配更公平。儘管這些研究不能簡單粗暴地得出負面情緒的直接作用，但是卻可以表明負面情緒同樣具有適應意義，能夠有利於兒童的某些行為。一味地追求消滅兒童的負面情緒是不可取的，永遠成長在順境中的兒童也是難以保障心理健康

第一節　快樂—笑起來的祕訣

的。畢竟在真實的成長過程中，挫折、困難、阻礙無處不在，沒有哪個父母能夠真的保障兒童永遠不經歷負面情緒。在接下來的章節中會繼續分享關於負面情緒的正面意義和多面性。那麼如何平衡兒童的正面情緒和負面情緒，如何保障兒童是快樂的，同時又是經歷過挫折的？其實答案並不複雜，不論經歷哪種情緒，不論何種規畫，最終的目的都是兒童的順利成長。這不是兒童角度的完全享樂，也不是父母角度的合理的快樂。正面情緒對兒童成長的意義，可以從兒童的社會適應和社會功能發展的角度出發：只要兒童能夠表現出良好的環境適應能力和正向行為就好。換而言之，兒童不斷累積正面情緒和學習情緒管理，是為了樹立面對生活的正面態度，在人格中形成樂觀的特質。不論兒童經歷什麼樣的挫折與困境，兒童有勇氣面對，並充滿希望和樂觀，這才是真正的快樂。

　　樂觀具有重要意義，樂觀的兒童在生活中占有比較大的優勢。樂觀的兒童相信總會有好的事情發生在自己身上，自己總會找出解決問題的方法。通常這時父母會說，不要盲目樂觀，過於自信就是自大，反而會出錯。高估自己可能是樂觀的人會犯的錯誤，過於高估自己的兒童確實會陷入麻煩，但是樂觀的態度不會讓這些兒童一蹶不振，他們會拍拍自己說原來事情是這樣，看來我稍微調整一下就好了，然後依舊積極地投入其中。若是父母一直在提出質疑和擔憂，或許可以思考一下是否自己陷入了悲觀。有研究人員證明樂觀是可以習得的，也就是

可以不斷地累積的，當兒童遇到困境，周圍的人提供了信任和解決問題的方法，兒童逐漸會形成所有的問題都可以解決的想法，並運用這個想法指導自己的行為。獲得樂觀的另一種方法是足夠多的知識並相信知識的力量，挫折不可預估，自己和他人的力量有限，但是知識無限，我的知識不足以解決，不代表所有的知識都不能發揮作用，只是我還沒有發現。

快樂、開心、愉悅……這些正面情緒對兒童和成人都有著重要意義，保持心情愉悅卻因人而異。如何讓自己開懷，如何讓他人大笑，也可以嘗試一下幽默的技能。幽默是一種智慧、一種技巧、一種特質，有時可能是一個笑話、一個鬼臉、一次急中生智、一次插科打諢。他人的幽默讓我們發笑，忘卻煩惱，自己的幽默讓對方獲得好感，化解矛盾。有時忽略生活中的種種情緒事件，放開對這些事件的解讀，也可以感覺到一種快樂。有意思的小笑話、滑稽的演出、搞笑的故事，當父母在對兒童一籌莫展的時候，不妨嘗試使用一下幽默的技能。

第二節　憤怒 —— 我擁有火山的開關

兒童的憤怒在嬰兒時期就已經發生，3個月大時，持續的生理不適會誘發嬰兒的憤怒，7個月大時，限制住嬰兒的手臂使

第二節　憤怒—我擁有火山的開關

他們不能動，嬰兒會露出憤怒的表情。憤怒是一種主觀感受上比較痛苦的負面情緒，與衝突、被冒犯、被攻擊、被威脅、被阻止有關。通常來說，當兒童認為有權利去做的事情被阻止，擁有的物品被破壞，目前的行為被打斷不能繼續完成目標，感覺到不公平，或把當前的失誤歸咎於他人時，都會引起憤怒的情緒。人們普遍認為憤怒是一種帶來不良後果的情緒，因為憤怒情緒下常常會發生攻擊性行為，這些行為的後果往往是糟糕的。社會規則告訴每個兒童，這些糟糕的攻擊性行為不僅會傷害他人也會傷害自己。但是從情緒的主體出發，憤怒卻是一種自我保護，透過比較激烈的方式傳達他人，這是一件難以忍受的事情，從而阻止這些事情的發生。研究人員在研究憤怒情緒時發現，在透過各種不公平的情境、影片、文字引發憤怒情緒的同時，人們還會產生委屈、悲傷、尷尬、恐懼的情緒，沒有一種方法可以只單獨引起憤怒一種情緒。在日常生活中，兒童憤怒時，也常常伴有委屈、不甘、難過的感受。憤怒情緒傳遞了兒童內心的渴望，父母在處理兒童的憤怒時，不能忽略其背後的含義。

父母對兒童的憤怒情緒並沒有太多的處理困擾，甚至父母在兒童第一次進入幼稚園這個集體時，是鼓勵兒童透過表達憤怒而避免傷害行為或傷害事件的。父母對兒童憤怒情緒棘手的部分是兒童在憤怒狀態下的大發脾氣以及攻擊性行為。然而，並不是所有的憤怒都會引發攻擊性行為。只有強烈的憤怒會引

第四章　兒童的基本情緒

發攻擊性的外在行為，而且這些攻擊在大部分情況下屬於衝動性的攻擊性行為。兒童在憤怒狀態下的攻擊性行為和情緒調節能力有關，情緒調節能力越弱，越容易產生攻擊性行為。兒童的攻擊性行為不是只有男生才有，3～6歲和10～11歲是兒童攻擊性行為出現較多的兩個時期，通常男生的攻擊性行為中暴力性的、直接性的較多，女生的攻擊性行為中語言攻擊和間接性的攻擊較多。兒童攻擊性行為有兩種指向，一種是與憤怒有關的宣洩，透過自己的力量阻止來犯者，自我防禦；一種是與憤怒無關的主動攻擊，透過暴力與攻擊顯示自己的力量或達到某種目的。那些無意的肢體碰觸並不屬於攻擊性行為，但有時反而是引發兒童憤怒情緒的引線。兒童的情緒調節機制還在不斷完善中，兒童階段的情緒是容易起伏的，兒童在憤怒時還做不到預估行為的後果，很多情況下需要由成人養育者引導。

　　在憤怒情緒下的攻擊其實是兒童宣洩情緒的一種方法，通常的表現是怒吼、摔東西、推擠、辱罵等。既有言語上的，也有行為上的。這些宣洩的方法從社會化的角度出發，會造成損失和傷害，從情緒管理的角度出發，並非完全不可取。一個功能完整的心理諮商室，會配備情緒宣洩室，情緒宣洩室中有很多用於宣洩的矽膠宣洩人偶、充氣錘、PU材質的宣洩球和宣洩牆、拳擊手套、沙包、玩偶等物品，不論成人和兒童都可以在這個房間裡盡情地宣洩情緒，房間裡鋪著地毯、掛著窗簾，牆面由海綿包裹，隔音、隱蔽、安全。經過諮商師引導的宣洩

第二節　憤怒—我擁有火山的開關

能夠釋放負面能量，達到心理狀態的平衡和療癒的目標。但是在日常生活中，我們很難為兒童提供安全的宣洩環境。因此，當兒童的憤怒沒有強烈到引發攻擊性行為時，我們可以暫時轉移兒童的注意力，或者關注分析憤怒的原因，尋找問題解決辦法。當兒童的憤怒需要一個出口的時候，父母可以提供安全的宣洩方法。例如，需要力量參與的、規則簡單的一對一的球類運動，如網球、乒乓球、羽毛球等，或者擊打類的樂器、放鬆訓練等。憤怒之下的攻擊有時受制於力量有限，有的兒童會選擇間接暴力的方式，他們沒有明顯的言語動作，反而透過沉默、漠視、拒絕交流的方式實施暴力，甚至他們還會散播謠言，哄騙其他有能力的人去攻擊和傷害。有的兒童和同學發生矛盾，每天故意忽視他的存在，當班級有通知需要轉達的時候故意不告訴對方，還趁著同學不在的時候把他的文具丟在地上。面對這種情況，父母和教師需要讓兒童明白這些行為對問題解決沒有任何幫助，如果兒童有很多氣憤的感受，可以嘗試將所有的不滿、怨恨甚至做的最不好的事情都寫在紙上，或者尋找一個盒子作為「傾聽樹洞」，都說給樹洞聽。讓兒童將這些情緒宣洩出去，感受那種釋放後的感覺，然後再回到情緒調節和問題解決中來。

兒童還有一種攻擊性行為是非情緒性的，他們搶奪別人的物品，嘲笑、欺負弱小的同學，故意為別人取難聽的綽號，聯合很多同學一起排擠某個同學。專攻校園暴力研究的學者認為

第四章　兒童的基本情緒

這些兒童可能在家庭教育中被忽視，缺乏正確的人際交往技巧和樹立了「強者生存」的不合理的價值理念。國外的研究人員發現，兒童的這些暴力性的傷害行為不是突然產生的，而是從小就使用這樣的行為方式，11歲男生的欺負行為取決於他在3歲時有多強壯，而不是他在11歲時有多強壯。對於兒童這種主動性的攻擊性行為，成人養育者要透過嚴格的監督和強調規則的方式，讓兒童意識到這些傷害性行為是錯誤的，並且任何人都要為此承擔責任。他們需要道歉，彌補造成的傷害，學會恰當的溝通和人際交往方法。有時成人養育者會認為兒童還小，不懂得道理，長大了自然就懂了，反正沒有嚴重的結果，也就不了了之。但是規則和對錯，只有有和無，並沒有程度的高或低。尤其低年齡的兒童，道德判斷依賴成人，如果父母態度模糊，沒有傳遞明確的對與錯的概念，那麼兒童的認知體系中只有「我是對的，規則不重要」的觀念，這種觀念甚至會影響到他們成年後。有研究發現，因毆打犯罪的青少年在兒童期就已經開始有攻擊性行為。兒童產生攻擊性行為的原因有很多，有生理上的遺傳原因，心理發展和認知歸因方面的原因，以及家庭教養氛圍的原因。還有一種觀點認為影片中的暴力畫面和暴力性的遊戲會導致兒童的攻擊性行為，但是目前還沒有明確的研究結論。儘管有研究人員發現看更多暴力節目的兒童中，有攻擊性行為的兒童比較多，但是到底是暴力節目增加了兒童的攻擊性行為，還是因為兒童本身具有攻擊性而選擇看更多的暴

第二節　憤怒─我擁有火山的開關

力節目呢？當給兒童觀看了一段包含暴力內容的影片片段後，讓兒童進行一場運動比賽，研究人員發現，看過影片的兒童比沒有看過影片的兒童表現出更多的攻擊性行為和違規性行為。還有研究人員發現，在玩了一款高暴力性的遊戲之後，大部分的兒童憤怒值增加，但是原本具有攻擊性行為的兒童的憤怒值卻降低了。綜合所有因素可以發現，遺傳和生理特點使某些兒童更可能出現攻擊性行為，但是最終行為的出現與否還受到父母情緒調節方式的引導、學習生活環境和媒體宣傳等的綜合影響。暴力攻擊性行為可能每個兒童都不會出現，也都可能會出現。父母和成人養育者不必糾結於如何阻止，恰當的引導才是更重要的。

　　兒童不僅是攻擊性行為的執行者，還有可能成為攻擊性行為的對象。父母最擔心聽到自己的孩子有一天從學校回來說，××打我／罵我／欺負我。很多父母的回應是：對方怎麼對你，你就怎麼對他們，要勇敢，不能做懦夫！然而兒童對行為結果是不能預估的，這樣可能會對兒童造成更大的傷害。首先，父母要和兒童確認細節，這是什麼時候的事情，當時在哪裡，具體發生了什麼事情。有時兒童無法準確對行為做具體的區分，兒童對行為動機的理解還處於發展階段。大部分情況下，父母會發現兒童誤解了某些行為後，甚至誤解了故意和無意。其次，當證實了這些攻擊性行為後，告訴兒童，不論那些攻擊性行為是什麼，他永遠都是父母最愛的孩子，他沒有錯，錯的是

第四章　兒童的基本情緒

對方。最後，及時透過各種途徑阻止兒童遭受攻擊性行為。

憤怒的外在行為比較激烈，帶給父母更多直觀的衝擊。為了緩解兒童的激烈情緒，父母常常會妥協，採取滿足兒童要求的方式。父母在處理兒童的憤怒情緒時，首先要保持理智，兒童的反應是因為感受到強烈的情緒刺激而產生的正常反應。其次區分兒童此時的憤怒的真實原因。

第一種可能原因，兒童的種種行為是為了表達自己的憤怒情緒和感受，傳遞出自己的權益而受到了侵犯。例如，有兩個兒童在一起玩耍，若是發生爭執，有兒童在憤怒生氣，父母通常都會在處理的時候對大一點的孩子補充這麼一句：「你是哥哥／姐姐，得大方一點，要分享，妹妹／弟弟還不懂事，你不能不懂事呀，你要謙讓，這才是好孩子。」或者是對自己的孩子說：「人家是客人，這個玩具他只是玩一下，你要有禮貌，不然大家都不喜歡你了，阿姨再也不來玩了。」如果這時這個大一點的孩子或者你的孩子並不接受，反而皺起眉頭，一副氣鼓鼓的樣子，甚至爭辯起來大喊：「不行，就不可以！」這時的成人養育者需要提醒自己，是不是在沒有了解的情況下，做了一廂情願的理解和處理，讓兒童感覺到了不公平和被忽視。爭執的原因，可能是對玩具的各不相讓，也可能是不小心的肢體碰撞，也可能是兩個兒童對規則無法達成一致⋯⋯父母可以根據當時兒童的憤怒值進行一次判斷，如果憤怒值較低，沒有傷害性的攻擊性行為發生，父母可以試著和兒童確認：「我發現你們在用

第二節　憤怒—我擁有火山的開關

一種很不友好的方式遊戲，你們之間是不是出現了問題？需要我來幫助你們嗎？如果你們想要自己解決，需要記得，平和和冷靜才能找到解決的辦法。」如果憤怒值較高，已經出現傷害性的攻擊性行為，父母一定要首先阻止，明確表示這是一種錯誤行為：「我看到你們正在推擠對方，這是很不禮貌的錯誤行為，我知道你們是一時的衝動，因為遇到了你們無法很快解決的難題。誰能告訴我是怎麼回事，看看我能不能幫你們找到辦法。」兒童的真實想法與感受只有兒童自己最清楚，就算父母一直在旁觀，也不能隨意推斷，因為父母終究是成人的思維模式，而兒童的想法具有自己年齡階段的特點。

　　面對情緒，成人養育者首先肯定情緒是正常的；其次分析兒童行為的不恰當；最後找到解決辦法。奇奇今年6歲，週末時，他在客廳裡把自己所有的玩具擺滿了一地，媽媽坐在旁邊處理自己的事情。奇奇站起來時，不小心踩在了一個稜角比較突出的玩具零件上，奇奇痛得一下子坐在地上，抓起腳下的零件就丟了出去，並生氣地大哭起來。被丟出去的玩具零件打在電視上，發出很大的聲響。媽媽看到這個情況，首先來到奇奇身邊，安慰他：「奇奇很痛，是不是？」奇奇哭著點頭，媽媽讓奇奇把腳抬起來檢查了一下，並沒有出現傷口。然後媽媽等待了一會兒，等奇奇的情緒稍微緩和之後，才問：「是什麼傷到了奇奇？讓我去看看。」然後媽媽撿起那個玩具零件。奇奇認出這是自己某個玩具的。媽媽又說：「這個稜角太突出了，誰踩到

第四章　兒童的基本情緒

都會痛的。所以我們得把它好好地放在安全的地方,不然丟出去了,又不知道丟到哪裡,一會兒奇奇還會踩上去,我也會踩到,爸爸回來了也會踩到,對不對?」奇奇點點頭,他此時已經不再流淚和大哭了,還說:「把它放在一個小盒子裡。」媽媽放好零件,坐回奇奇身邊繼續說:「奇奇的玩具太多了,不好好整理就會出現這樣的危險,是不是?那媽媽幫你找一個箱子,我們把玩具都放在箱子裡,就不會再有哪個零件傷到奇奇了,對不對?」奇奇點點頭,然後和媽媽一起把玩具都放進了箱子裡。這個故事裡,奇奇亂丟東西的行為並不合適,但是兒童對痛苦的反應是很直接的,突然的疼痛讓奇奇做出丟東西的行為,所以媽媽先是回應了奇奇的感受,再引導行為。

　　第二種可能原因,兒童展現出的憤怒是目的性大於感受性的。父母常常遇到的一種情況是,兒童為了得到某樣物品或達到某個結果,大發脾氣、吼叫,或者保持沉默,拒絕回應父母的一切問題。兒童這時的憤怒表達了自己的目標被阻止,但同時也在運用憤怒的行為造成父母的壓力,這些行為和前文提到的間接性的攻擊性行為是類似的。此時兒童的情緒狀態目的性大於感受性。很多有經驗的父母或者教師都建議,這種情況下一定要保持原則,不予理睬。這樣做確實避免了兒童學會一種不合理的訴求方式。但是,同樣的情緒,誘發原因並不一定相同,同樣的行為,兒童的想法也並不一定都相同。如果是父母之前許下了承諾,由於某些原因沒有兌現呢?如果是兒童與父

第二節　憤怒—我擁有火山的開關

母之間產生了對話的誤解，導致兒童以為父母食言呢？若要處理兒童的問題，就要站在兒童的立場去分析和了解。並沒有哪種情況可以適用於所有的兒童，是妥協還是堅守，希望每個父母的選擇中可以多一個選項。

由於每個人的個性不同，有樂天派，就會有衝動者，有的兒童天生容易衝動，情緒來得快去得也快，大大咧咧，直來直往。當憤怒的時候，他們難以壓抑怒火，常常會做出事後後悔的行為，衝動之下說出要絕交的話，怒火中燒的時候魯莽、失去理智。這樣的兒童，他們也會希望能夠在憤怒發生時，減少情緒化的行為。放鬆訓練是很好的方法。平時讓兒童練習放鬆訓練，並且想像最近讓自己憤怒的事情，透過放鬆訓練將憤怒值降低，當再次陷入憤怒的時候，調整呼吸讓自己的情緒緩解。或者製作一個情緒暫停提示，當陷入憤怒的時候，這個提示的物品一出現，就要暫停或者離開當下情境去做一些別的事情。這個提示也可以放在父母或者朋友那裡保管，當發現兒童的憤怒值上升，父母拿出提示物品 —— 憤怒不能解決問題，我們先停下來。然後將憤怒透過合理的方式宣洩和調節。

憤怒情緒雖然被認為是負面情緒，但是憤怒本身並不是錯的，只是在憤怒之下產生的不良行為是錯的。憤怒之於兒童，不僅保護兒童免於痛苦，同時也在向他人傳遞自己的界限和底線，在人際交往過程中，適當的憤怒反而會促進交往。兒童是在表達憤怒和感受父母憤怒的過程中進一步明晰社會規則，完

成社會化。管理領域發現，在談判的過程中，適當的憤怒會促進談判的有效進行。父母不必過於擔憂兒童的憤怒，就算現在的兒童像一座小火山，但總有辦法幫他找到舒服地和大家相處的方法，以及調控火山形勢的訣竅。火山的開關就在兒童身上，況且火山本身也是一個重要的存在。

第三節　悲傷 —— 我也會因為失去而難過

　　悲傷是對失去產生的一種情緒反應。當人們失去某種對自己來說很有價值的人或事物，此時的感受就是悲傷。失去包含兩個方面，一方面是外顯的離別：畢業、生活環境或工作環境的變化、親友過世等；另一方面是內隱的失敗：願望落空、錯失機會或計畫失敗等。悲傷的時候，雙眼無神，嘴角會向兩側拉扯或者緊閉，眼睛通常會避免直視，看向下邊或旁邊。眼淚是判斷悲傷表情的重要依據。悲傷傳遞了不想改變現狀、不願接收失去的訊息。當兒童表現出悲傷情緒，父母通常會想辦法避免兒童的失去。悲傷的一個重要作用就是誘發他人的幫助。如果失去不可避免，悲傷會促進兒童產生改變的動力，減少失去造成的痛苦感受。當在離別的情境中表現出悲傷情緒，還會提高兒童人際交往的黏性，增進人際、團隊之間的凝聚力。兒童感受到的悲傷的程度與兒童對失去的人或事物的價值感有

第三節　悲傷—我也會因為失去而難過

關，越是重要的、有價值的，引發的悲傷感受就越強烈。有時父母不明白為什麼兒童只是因為弄丟了一塊橡皮擦卻難過好幾天，這與橡皮擦的價格無關，這或許是兒童最捨不得用的，也許是好朋友送的，也許是某次得獎的獎品。儘管悲傷對兒童的成長來說有一定的正向作用，但是悲傷卻是一種負面情緒，因為悲傷是痛苦的，持續性的悲傷會讓兒童陷入失望、孤獨中，拒絕交流，還會引發憤怒、抱怨、恐懼和憂鬱，影響兒童的身心健康。

　　誘發兒童悲傷的第一個內容是分離。兒童第一次感覺到悲傷就是與父母的分離。6個月大的嬰兒有時會莫名哭鬧，他們不需要換尿布也不需要食物，只是因為沒有看到父母出現在視野中。當嬰兒長到1歲之後，很多父母需要每天上班，這時的兒童開始拒絕父母出門，他們抓著爸爸媽媽的手，十分悲傷痛苦的樣子。有的兒童甚至在父母開始換外套的時候就開始阻撓，央求著不要爸爸媽媽走。很多父母上班之前需要鬥智鬥勇，需要在孩子起床之前偷偷出門，或者其中一個負責掩護吸引孩子的注意力，甚至要假裝生氣，喝止兒童的行為。3歲之前，兒童還沒有形成物體恆存的概念，以為看不到的東西就是不存在的，無法理解父母出門後還會回來。他們對時間的概念也是模糊的，不清楚1個小時和半天的時間是多久。所以，對於父母的離開，他們會用盡辦法阻止，這也是悲傷情緒下引發的行為。如果每次上班前與兒童的拉鋸成了父母的困擾，那麼父母

第四章　兒童的基本情緒

可以嘗試一些方法暫緩兒童的情緒，幫助兒童理解父母的暫時離開不會影響到兒童的生活，他們還是會得到很好的照顧，而且父母一定會回來。例如，玩一些捉迷藏遊戲，制定出門和回來的特殊儀式，增加兒童對其他家庭成員的信任與依賴。捉迷藏遊戲並非是在出門的時候，和兒童說「媽媽要躲起來，你數到10再來找我」，然後趁機溜出門。這樣的做法只會增加兒童的焦慮，他們只會感受到欺騙。正確的做法是在日常與兒童做遊戲互動，讓兒童明白當父母暫時地離開了視線是沒有關係的。也可以在兒童藏、父母找的過程中，拖延一下時間，在 5 分鐘或者 10 分鐘之後才找到，並告訴兒童，這段時間就是 10 分鐘，其實並不是很長。這樣逐漸讓兒童理解和學習等待。出門的時候告訴兒童：「這是一次比較長時間的捉迷藏，你是可以做到的，等我回來。」一些出門和回來後的固定儀式，能夠在某種程度上緩解兒童對父母離開的不良情緒，為父母已經回來制定一個訊號，減少不安全感。這種「儀式」不需要很盛大，可以只是一個擁抱或擊掌，或者只是一句「我回來了」之類的招呼。此外，兒童不願父母離開的很重要的原因是對父母的依賴，在日常生活中，不論爸爸媽媽或者生活在一起的其他家庭成員，在兒童需要的時候，都可以出現在兒童身邊。通常情況下，媽媽總是第一個出現，並且扮演著關於兒童所有事情的「權威角色」，有時其他家庭成員也會對兒童開玩笑地說：「再不吃飯就讓媽媽走了。」這樣的行為和語言也會加深兒童對母親或者某個

第三節　悲傷——我也會因為失去而難過

成人的依賴，當其要離開的時候，兒童會表現出更大的悲傷。

兒童的成長是一個不斷分離的過程，從出生時離開母親的子宮，到嬰兒期父母離開視線和離開奶粉轉換到副食品，再到幼兒期離開父母到達幼稚園和學校，每個假期，每次畢業，以及離開成長的環境創造自己的空間，最後還要面臨與親人朋友的生離死別，離別的愁緒似乎難以避免。悲傷情緒相較於其他情緒持續的時間更長，父母可以鼓勵兒童在調節過程中以情緒的釋放與表達為主，將自己的悲傷透過語言、繪畫、運動等方式釋放出來，逐漸恢復情緒的平靜。這其中的表達不僅是兒童自己向他人訴說難過，還包括向離別的對象傾訴不捨，情緒的回應與安慰有利於悲傷情緒的緩解。兒童可以與將要分別的同伴製作臨別禮物，約定再次相見的時間。若是改變了生活環境，也可以幫助兒童練習一些結交新朋友、加入新團體的方法，準備自我介紹，了解周圍的環境，以及想辦法加入新家附近陌生玩伴的遊戲等。

還有一種分離是成人有時也難以應對的——親人的離世。在兒童的成長過程中，父母和教師都希望能夠呈現正面有活力的事物，關於死亡的話題一直難以啟齒。但是就像離別不可避免，死亡同樣也是不能躲避的。陽臺上的小花、家裡的寵物、認識的親人……兒童自己也會發現、會好奇，在不同的年齡階段，兒童對死亡的理解和反應有著不同的特點：3～5歲的時候，兒童對死亡的好奇多於對死亡的理解，會認為死亡是可以

第四章　兒童的基本情緒

逆轉的,死去的人也可以感覺到飢餓、痛苦,既能聽見又能看見,如果自己喊叫、拉著去世的人的手,去世的人就會被喚醒。有時也會產生錯誤的聯想,認為是自己的某些行為導致了死亡,比如,因為我沒帶著小狗出門,不讓牠碰到我的玩具,所以牠死了。他們會哭泣、難過,也會容易生氣,和其他小朋友打架,出現過分依賴的行為,情緒激烈時還會責備死去的人,對周圍事物反應冷淡,有了突然尿床、吸手指的習慣,甚至出現害怕被拋棄的情況。6～8歲的兒童已經能夠理解死亡的概念,意識到死亡是不能逆轉的,但是還不能理解自己也會死亡,並不會覺得每個人都會死亡。他們開始想要探究死亡的原因,甚至害怕這些導致死亡的可怕事情會發生在活著的親人身上,有時還會指責醫生和父母,是他們沒有盡力,所以爺爺奶奶去世了,所以心愛的寵物死去了。因此,他們容易發怒生氣,心情起伏不定,不願意和朋友、家人交流,或者格外纏著父母,不願意上學,有時會肚子痛、頭痛,出現一些身體上的不舒服等。當兒童進入小學高年級,到了12歲左右,就可以完全理解死亡的概念,並且意識到自己也會死亡,他們逐漸像成人一樣理解和看待死亡,同樣地也會像成人一樣去面對死亡,兒童的責任感也會顯現,開始主動安慰和想要保護其他悲傷的家人。當兒童進入青春期之後,不僅是與自己有關的人的死亡會引起觸動,他們還開始思考生命的意義,甚至會對死亡產生興趣,想要更深入地了解,希望能夠掌握更多關於生命的

第三節　悲傷—我也會因為失去而難過

知識，還會對一些獵奇、另類的生命視角產生興趣。兒童的思維從具象逐漸向抽象轉變，認知也是從眼睛能夠看到的內容開始。有時父母會覺得兒童還小，會隱瞞或者用各種方式修飾死亡的話題。然而兒童是細心且敏感的，他們能夠意識到身邊有事情發生。有時隱瞞反而讓兒童的恐懼增加。父母可以將事情逐漸地告訴兒童：「爺爺生病了，病得很嚴重。」、「現在爺爺去世了，看起來像是睡著了一樣。」、「從現在開始我們還會為爺爺做一些事情，讓他安息。你可能還不明白現在是怎麼回事，你可以自己先看一會兒書或者玩一會兒，等我忙完會來繼續陪你。」當然，這並不意味著將死亡的概念直接告訴兒童，只是這件事不必遮掩，也不必要求身為父母就一定要比兒童堅強和鎮定，有時父母甚至可以告訴兒童：「爸爸／媽媽現在也很難過，因為想到奶奶再也不能和我們生活在一起了。你能陪陪爸爸／媽媽嗎？」這時的擁抱或許會成為彼此共同的安慰。

　　悲傷會持續幾天甚至幾個月，如果父母不知道用什麼樣的語言和兒童溝通，可以藉助故事和繪本，讓兒童理解目前的情況和自己的情緒。繪本《爺爺變成了幽靈》就講述了一個關於死亡的故事：小男孩的爺爺去世了，夜晚變成了幽靈出現在他的房間裡，因為爺爺忘記了一件事，於是兩個人用了好幾個晚上一起尋找忘記的事情，最後爺爺終於想起來了，他忘記的是和小男孩說再見，於是他們約定，小男孩以後要乖一點（但也不用太乖），要時不時地想著對方（但是也不用一直想著），之後爺爺

第四章　兒童的基本情緒

就離開了。故事溫馨中也伴隨著淡淡的憂傷。還有一種討論的方式，就是反問兒童：你覺得那是一種什麼樣的感覺呢？然後根據兒童的理解程度，尋找回應的角度。當然，如果死亡的悲傷或者衝擊讓兒童的負面情緒更加嚴重，不良情緒難以控制，也可以尋求專業的心理教師或者心理諮商師的幫助。

誘發兒童悲傷的第二個內容是目標落空。當兒童考試成績沒有達到預期的結果，沒能成功進入足球隊，或者用了很長時間製作的假期計畫被打亂不能進行等，這些兒童認為有意義、有價值的事情沒有做到，兒童也會產生悲傷的情緒。此時的悲傷與離別的悲傷略有不同，離別的情境多是不能避免的客觀原因，兒童很難透過一些行為改變當下情境，只能調節情緒，調整自己更好地去適應；而那些導致失敗的原因還有一部分是由於兒童努力不夠，如果再仔細一些，如果再練習幾次，如果再堅定一點，可能結局就會不同。因此，由於內隱的理想目標落空誘發了悲傷情緒之後，兒童可能會產生兩種完全不同的行為。當兒童認為是自己不夠努力才出現這個結果的時候，兒童會在悲傷的激勵下繼續努力，付出更多的時間，有更強的動力促進接下來的行為。當兒童認為自己已經用盡了全力依舊失敗，自己沒有這個天賦，不可能成功，是一個失敗的人的時候，兒童就會陷入負面感受，鬱鬱寡歡，失去對原目標的興趣，甚至不再有任何積極的嘗試。根據心理學家艾瑞克·艾瑞克森（Erik Erikson）對人生每個階段的心理任務的總結，學齡前的兒童需

第三節　悲傷—我也會因為失去而難過

要樹立「正式和追求有價值目標的勇氣」，兒童根據自己的那些主動的探索行為，好奇心和創造力是否受到鼓勵，逐漸形成積極主動的能力和特質。如果這個階段兒童的探索行為一直被打斷，無法成功，他們就會缺少進取的力量，行動上缺乏自信。而學齡期的兒童需要獲得「自由操作的熟練技能和智慧」，獲得動力。他們在學校的學習和活動任務中能夠經常獲得成功與肯定的時候，動力就會增加；反之，經常的失敗會讓兒童產生自己不如他人的自卑感。因此，父母需要在兒童失敗的時候給予恰當的分析和指導，幫助兒童減少負面的感受和行為，掌握面對失敗和挫折的方法。例如，制定適合自己的目標，關注努力的過程，提高自己的意志力等。同時也要盡量鼓勵兒童。或許兒童制定了一個難以實現的目標，但是他熱情滿滿，如果你擔心他實現不了會失望，又擔心阻礙他反而會感覺被打擊，那麼可以告訴你的孩子：你的勇氣和堅持是很難得的，我永遠支持你對理想的熱情。這樣，即使他失敗了，也可以透過對過程的肯定，來緩解兒童的悲傷。

　　適當的挫折和失敗經歷對兒童的成長也是有益的，切不可為了減少悲傷的負面影響而一直避免兒童遭受挫折。有一個故事叫做〈糟糕透了和精彩極了〉，講述一個作者在孩提時代，每次自己寫出的詩，母親都會說精彩極了，給他很大的鼓舞；而父親卻總是嚴苛地說糟糕透了，讓他備受打擊，想著一定要寫出讓父親稱讚的詩。於是他的寫作熱情就在兩種評價中一直

第四章　兒童的基本情緒

保持著，直到有一天他成了作家，想起小時候的經歷，翻看那時的作品，果然像父親說的，糟糕透了。如果母親也如實告訴他，他會受到打擊不再寫作了，可是如果父親也像母親一樣稱讚他，他也會因為自滿不再繼續鑽研，最後也不會成功。挫折和成功對兒童同樣重要，經歷悲傷和調節悲傷不可避免，成長的經歷也不可缺失。

不論是內隱的失敗還是外顯的離別，兒童在所有的悲傷誘發事件中都是被動的。然而，兒童的成長過程是一個不斷重新認知自己的過程，對於那些有價值的人和事物，除了堅持與爭取，還有一種選擇叫做放棄與成全。一個男孩想要加入足球隊，他每天鍛鍊體能，每天練球，可是有一天他發現了排球的魅力，兩者之間只能選擇一個，或者幾年之後他發現自己的能力還是達不到校隊的要求，他是可以做出放棄原來目標的決定的。這個主動選擇的失去也會帶來痛苦和悲傷，但是並非所有的目標都要以實現為終極結果。父母的鼓勵不是只有一個方向，鼓勵的是兒童本身的特質，而不是特定行為的結果。成人養育者期待的是兒童面對悲傷情緒的時候，能夠自我調節，依舊對自己充滿信心。主動放棄也是一種能力，是衡量了各種結果和因素做出的決定，代表了兒童的成長和獨立。

雖然悲傷是痛苦的，但是悲傷並不可怕。悲傷不等於憂鬱，悲傷的心境也不代表悲觀。有時兒童為了證明自己是樂觀堅強的，會壓抑和掩飾悲傷，有時父母為了減輕兒童的痛苦，在

悲傷之初就馬上制止。這些其實並不利於悲傷情緒的緩解。父母首先要做的是允許兒童悲傷，每種情緒都不必排斥它，情緒是和我們一起長大的朋友。其次是有效的陪伴，適當的肢體接觸，輕聲的安慰，不打斷兒童的眼淚。最後告訴兒童，如果是我，我也會像你一樣難過，不過別擔心，我會在。

第四節　恐懼 —— 害怕和勇敢都是學來的

恐懼是基本情緒，也是兒童成長過程中又一種重要的情緒。它是指人們在面臨某種危險情境（如外部環境和軀體本身的致病因素等），企圖擺脫而又無能為力時所產生的一種強烈情緒主觀感受（如擔驚受怕）並誘發相應的行為反應（如逃跑）。引發兒童恐懼的事物可能是真實存在的，如某種動物、雷聲、某種特殊場景；也可能是想像的，如鬼怪或未知的危險。恐懼情緒具有保護功能，讓人們從兒童階段開始躲避危險，甚至獲得他人的救助。恐懼發生時，身體會首先做出反應，雙眼緊閉，頸部肌肉快速繃緊，肩膀收縮朝向頸部，手臂也會拉向頭部。這些動作都是無意識的反應。用突然的、較大的聲音刺激成人和兒童，他們都會做出相似的動作。心理學家發現這些動作其實是一種保護的姿勢，保護了眼睛、頭部、頸部這些容易受到攻擊並且很重要的部位。而且恐懼的表情是雙眉聚攏、升高，

第四章　兒童的基本情緒

眼皮上揚、眼袋緊繃,眼睛睜大,嘴巴張開向兩側拉伸,並且呼吸加重。有心理學家相信這些表情能讓兒童擴大視野,覺察到更多的危險,增加呼吸頻率,為身體動作做進一步的準備。如果觀察他人或者自己的恐懼表情,還會覺察到一種無助和弱小的感覺,這些都會激發旁觀者的同情心和實施幫助的行動。恐懼不僅反映了兒童的感受,也為兒童帶來了無形中的保護。成人養育者也是透過兒童的恐懼情緒為兒童營造安全的成長環境,讓兒童舒適的環境不一定是最好的,但是持續引發兒童恐懼的環境一定是不適合的。

兒童恐懼的來源既有先天的,也有後天學習到的。先天的恐懼刺激因素具有突然性、新異性和劇烈性的特點,這類因素在兒童的每個階段乃至成人之後,都會引起恐懼情緒。例如,突然的聲響,超乎預期的地震、火災等。後天學習到的恐懼刺激因素與文化環境、兒童社會化情況有關,有可能會隨著兒童社會經驗的變化而發生變化。

心理學家整理總結了不同年齡階段引發兒童恐懼的具體對象,如下表所示。

年齡階段	恐懼對象
0～6個月	身體支撐力的喪失、大的聲音
7～12個月	陌生人、突如其來或衝向身體的物體
1歲	與父母分離、傷害、大小便、陌生人

第四節　恐懼—害怕和勇敢都是學來的

年齡階段	恐懼對象
2歲	噪音、動物、黑暗的房間、與父母分離、大型物體或機器、個人環境的改變
3歲	面具、黑暗、動物、與父母分離
4歲	與父母分離、動物、黑暗、噪音
5歲	動物、「壞人」、黑暗、與父母分離、身體傷害
6歲	超自然的東西（如鬼怪或巫婆）、身體的傷害、打雷和閃電、獨自睡覺或獨自活動、與父母分離
7～8歲	超自然的東西、黑暗、媒體關注的事件、獨自一人、身體受傷
9～12歲	學校的考試和測驗、學校裡的表現、身體受傷、外貌身體、打雷和閃電、死亡
青春期	人際關係、外貌身材、學校、政治事件、未來、動物、超自然現象、自然災難、安全

隨著年齡的增長和對世界認知的增加，兒童的恐懼對象逐漸發生變化。在通常情況下，上述表格中列舉的恐懼對象會誘發這個年齡階段兒童的恐懼，父母和其他成人養育者可以比較身邊兒童的情況，以便協助兒童緩解恐懼情緒。多數恐懼透過適當的調整可以很快得到緩解，基本上在1～3個月就會消失，並不會造成很嚴重的後果。當身處黑暗或者被突然的聲響驚嚇到，父母及時出現，安撫和幫助兒童，兒童的情緒很快就會放鬆下來。如果恐懼刺激已經消失，兒童的恐懼情緒還是持續很久，並且出現與所在年齡階段不符的恐懼，那麼父母需要諮詢專業人士，鑑別兒童是否出現了恐懼情緒障礙。因為恐懼還與

第四章　兒童的基本情緒

兒童的社會經驗有關，某些特定的事件、人或事物，有可能讓兒童產生痛苦的感受，令兒童學會了不合理的恐懼。

在所有的基本情緒中，恐懼是唯一可以學習的情緒。當兒童看到父母、家人、朋友或者影片中的同齡人受到某種傷害，或者對某些事物表現出恐懼，即使兒童從來沒有在生活中接觸過這些事物，也會對其產生恐懼。例如，父母害怕的動物，兒童很有可能也會害怕。琪琪的媽媽很害怕鳥類，所以每次帶著琪琪出門的時候都盡量躲開有鳥類的地方，看到鳥類出現，媽媽會表現出恐懼的動作和表情，儘管媽媽一直避免和琪琪說鳥類的可怕之處，漸漸地，家人發現琪琪也開始害怕鳥類。但是父母的恐懼對象並不都會被兒童學習到，如果在父母表現出恐懼之前，兒童已經發現了某種樂趣，兒童就不會和父母有一樣的恐懼反應。就像有的父親懼高，但是他的孩子卻很喜歡高的地方。恐懼可以學習的特點在一定程度上保護著兒童的成長，兒童不需要自己經歷流血、受傷，就可以知道某些環境和行為是不安全的。兒童的觀察學習可以舉一反三。當兒童看到另一個兒童被錘子砸到了手，他不僅學習到錘子是不安全的，也會知道其他和錘子同類的工具都是不安全的。兒童階段掌握的關於恐懼的經驗如果能夠保持下來，就會形成穩定的情緒反應。

根據恐懼可以學習的特點，行為心理學家發現，如果將兒童的恐懼感受和任何事物連繫在一起，兒童都會對這個事物產生恐懼反應，不論這個事物的安全性如何。甚至有研究透過

第四節　恐懼─害怕和勇敢都是學來的

這種方式讓一個1歲的幼兒對毛絨玩具產生了恐懼，他每次看到毛茸茸的玩具，就會顫抖、大哭。這種恐懼如果不能及時得到緩解，將會持續他的一生。當他長大，由於對幼時記憶的模糊，他永遠也不會知道自己為什麼會害怕毛絨玩具。很多兒童甚至成人會對某種大多數人並不恐懼的事物感到害怕，其原因可能就是幼年時學習到的。大部分情況下這種學習是無意識的，有時父母為了兒童的安全，會警告兒童不可以自己在社區綠化造景的假山上玩，因為那裡藏著壞人。同時兒童聽到了關於假山的傷害性事件，關於壞人的傷害性事件，種種因素的疊加，可能導致兒童對假山形成恐懼，即使他長大了，知道假山裡沒有壞人，父母也允許他在假山附近玩耍，兒童也會拒絕靠近。運用這個特點，也可以減少或消除兒童對某些特定物品的恐懼。這種方法叫做「系統脫敏法」：結合放鬆訓練，透過想像或直接接觸的方式，緩慢地、逐級地接觸恐懼對象，逐步緩解焦慮。具體實施需要在專業人士的指導下進行。儘管兒童在成長的過程中學習到恐懼的經驗，但最終的情緒反應可能令父母理解，也可能令父母費解。成人養育者可以結合情緒調節策略幫助兒童達到一定程度的緩解。

兒童恐懼時，經常出現驚慌失措、哭鬧發抖、躲藏迴避的行為，同時自控力、判斷力、理解力都會下降，影響兒童的正常行為和社會適應。父母在面對兒童的恐懼情緒時，需要有更多的耐心和鼓勵，營造安全的氛圍。

第四章　兒童的基本情緒

　　黑暗幾乎是每個兒童的恐懼因素，這導致兒童晚上不敢一個人上廁所、不敢一個人在房間裡睡覺。但是隨著兒童長大，這的確是需要兒童面對並克服的。首先，讓兒童對自己的房間有歸屬感和控制感。如果這是一個共用的房間，不能只屬於兒童，也要明定這個房間至少從每天晚上 7 點到早上 7 點是屬於兒童的。可以讓兒童參與這個房間的布置，或者專門有一個空間是放置屬於兒童自己的書桌和喜歡的物品。若是家裡來了客人，或者有布置調整，也要徵求兒童的意見：今天晚上姑姑會和你一起睡，可以嗎？當兒童了解自己的房間，並且擁有了一定的控制感，對房間內未知的、可能會發生危險的擔憂也會隨之降低。其次，傾聽和理解兒童的恐懼。耐心地引導兒童說出對黑暗恐懼的內容，可能做了荒誕的噩夢，可能聽到某個奇怪的故事，或者覺得櫃子裡藏著某種鬼怪，甚至是說自己聽到奇怪的聲音、看到奇怪的事情等，不論兒童的想法如何，不必爭辯和否認，抱抱他：「嗯，媽媽明白你的害怕，你希望媽媽做什麼？」然後，和兒童一起尋找緩解害怕的方法，讓兒童感受到父母的陪伴與保護。例如，把兒童喜歡的毛絨玩具放在床邊；和兒童交換枕頭，保留一點父母的氣味；將兒童房間的門與父母房間的門都開啟；在兒童房間放置一盞夜燈；為兒童製作捕夢網，告訴兒童在夢裡每個人都可以有飛翔的魔法，遇到害怕的事情可以讓自己飛走等等。讓兒童克服對黑暗的恐懼是一個過程，父母需要做的是和兒童一起尋找方法，而不是單一的只做

第四節　恐懼—害怕和勇敢都是學來的

遊說或妥協。這裡需要注意的是，為了增強兒童的勇氣，父母可以選擇勇敢、溫馨的睡前故事，故事中盡量避免出現令兒童害怕的形象，避免渲染故事中恐怖的情節。與兒童的睡前對話要以鼓勵為主，可以告訴兒童：「你今天做得很好，相信你一定可以做個好夢。」盡量不要對兒童使用提示的話語，比如說：「今天晚上不用擔心，出現任何情況就大聲喊媽媽，上廁所的時候一定要開燈，不要踢被子，不要總是想櫃子裡和床底下，那裡什麼也沒有。」這些話在某種程度上會暗示兒童有危險存在，反而會產生反效果。有時父母為了證明兒童的恐懼是不合理的，會帶著兒童檢視黑暗的地方，但是這個方法取決於兒童的認知發展是否可以理解科學和想像的區別。當兒童進入小學，可以逐漸區分客觀現實和想像，如果兒童依舊不接受父母的解釋，就可以適當暫停解釋而採取其他方法。總之，讓兒童接收到父母的支持、理解、關注和力量。這種接收以兒童的感受為衡量，不以父母的做法為標準。

怕痛，拒絕打針、體檢或去醫院，這些也是需要家長尋找方法幫助兒童克服的恐懼。拒絕身體的傷害是兒童本能的對恐懼的反應。在各種兒科門診，有時兒童的哭泣中，害怕多於真實的疼痛。疼痛也是兒童的自我保護機制，之前的疼痛經歷，看到他人的疼痛反應，都能夠讓兒童對疼痛產生情緒緊張和迴避行為。父母可以嘗試這樣幾種方法緩解兒童的緊張。第一種，減少醫院與疼痛之間的連結。平時可以和兒童進行醫生角

第四章　兒童的基本情緒

色扮演遊戲，在遊戲中建立對醫生、檢查、問診的正向認知，讓兒童理解並接受醫生的行為對兒童是有幫助的。此外，在平時交流中，不要用打針、看醫生之類的話嚇唬兒童，有時兒童不愛吃蔬菜，不想戴圍巾，父母會說：「這樣你會感冒的，感冒就得去醫院打針，多痛、多難受呀！」這種話會在一定程度上發揮作用，但是也會讓兒童產生「去醫院是不好的事情」的認知。在看診的過程中，也可以嘗試讓兒童獨立回答醫生的問題，增加兒童對醫生的信任。第二種，提前告訴兒童去醫院的時間並解釋就醫目的。回答關於兒童是否會痛的疑問時，從兒童的角度進行回答：「會感覺到，但是時間很短，是你能夠承受的程度。」在兒童沒有詢問之前，可以不必強調會打針。第三種，帶著兒童喜歡的玩具或圖書一起，一方面轉移兒童在等待過程中的注意力，防止被其他小朋友的情緒感染；另一方面喜歡的物品可以讓兒童放鬆，緩解兒童的緊張狀態。第四種，深呼吸，父母進行放鬆訓練，帶著輕鬆的狀態與兒童來到醫院。有時父母看到兒童的檢查或者治療過程，可能比兒童還要難過，這種情緒也會感染到兒童。

　　還有一種常常困擾父母的兒童恐懼表現是社交恐懼。父母期待自己的孩子在人際交往中是從容而又受歡迎的，但是現實情況往往不同於父母的期待，甚至有的兒童的情況正好相反，他們不善言辭，羞於交往，甚至躲避人多的環境。這時的父母，首先要辨別兒童的情況，這是由於兒童的個性喜歡獨處，

第四節　恐懼─害怕和勇敢都是學來的

還是兒童缺乏人際交往的方法，還是對人際交往產生了恐懼反應，不同的情況有不同的應對方法。如果兒童對人際交往產生恐懼，在陌生人和人群面前做出恐懼的表現而非害羞狀態，兒童的肢體、表情像前文描述的，是防禦的、迴避的，並且影響到正常的、必要的人際交往，不敢和同學交流、躲著鄰居、不能單獨購物等，那麼兒童可能出現了社交恐懼，需要專業心理諮商師的幫助。如果兒童躲避、拒絕的原因是害羞或者沒有合適的人際交往方法，其實心裡希望能夠有更多的朋友，那麼父母只要幫助兒童找到合適的方法就可以，一起分析什麼樣的行為是受歡迎的，如何在公共場所做自我介紹，鼓勵兒童主動和同學打招呼等。如果兒童並不缺少人際交往的方法，而是主動選擇不參與某些集體活動，其實有自己的好朋友的，只是數量並不多，喜靜不喜動，那麼父母需要尊重兒童的個性。人際適應的標準並不是結交的人數多少，而是能夠與大家友好相處。

　　雖然恐懼情緒引起的感受是難過的，一旦發生意味著兒童出現了某種危機，但是父母與兒童並不需要過分擔心，在日常生活中可以累積應對恐懼的能量，獲得成長的勇氣。兒童的恐懼可以隨著知識的增長逐漸消退，父母可以在教養過程中加入對兒童恐懼內容的知識講解，例如，黑夜和雷聲是一種自然現象，疼痛和疾病是身體的自我保護，為了避免自然災害社會中設定了不同的應對措施和相關機構等。恐懼並不是因為弱小，兒童會恐懼，大人也會恐懼，有時兒童比大人還要勇敢。適當

第四章　兒童的基本情緒

地講述、分享那些勇敢的榜樣的故事，同時在生活中鼓勵兒童的探索精神和行為，當兒童好奇樹葉上不知名的昆蟲，當兒童想要摸一摸榴槤的外殼的時候，做好防護準備，取代語言提醒：「小心，這個會傷到你，這個不乾淨。」生活中的危險確實存在，但是真正的保護是不論兒童走到哪裡我們都可以和他在一起，而不是禁錮他們探索世界的前進腳步。

第五章
兒童的複合情緒

第五章　兒童的複合情緒

第一節　焦慮 —— 焦慮並不存在

隨著兒童社會化程度的加深，兒童的情緒主觀感受逐漸複雜，當幾種基本情緒相互疊加，就形成了複合情緒。焦慮是兒童階段比較常見的一種複合情緒，是一種由緊張、不安、擔憂、恐懼等交織在一起的情緒狀態。焦慮的兒童常常感覺某種危險和不可控的事件即將發生，因此煩躁、驚慌，吃不好、睡不好，但是卻又說不清楚具體擔心的是什麼，也不知道會發生什麼恐怖的結果。焦慮情緒中說不清、道不明的恐懼不安，與兒童的表達能力發展無關，即使是成人也不能清晰地闡明焦慮中擔憂的內容。這是焦慮的本質，即由人們預測的可能發生的不良後果所引發的不良情緒，由於這些不良後果還沒有真實發生，所以，焦慮指向的是一種無法固定的對象和內容。因此，不論是成人還是兒童，都可以感受到焦慮導致的煩躁不安，卻無法說清具體在擔憂什麼。當兒童得知明天將要去看牙醫時，他們開始焦慮，無法安心吃飯，也無法安心遊戲，開始問很多問題，甚至頻繁地上廁所，坐立不安。但是當詢問具體擔心什麼，兒童卻說不上來。當兒童陷入焦慮，一直追問有時並不會發揮作用，關注兒童的感受和行為可能更有幫助。兒童的焦慮通常會為自己帶來負面影響，兒童變得敏感、缺乏信心，無法集中注意力，記憶力受阻，食慾下降，睡眠出現障礙，甚至腹痛、頭暈、腹瀉，即使一件很小的事情，也會引發不安。

第一節　焦慮—焦慮並不存在

　　焦慮的表現和誘發原因，與恐懼的反應很像，都伴隨著擔憂和不安。在焦慮情緒的複合情緒中，核心成分也正是恐懼。但是焦慮與恐懼是不同的。人們的恐懼是具體的人或事，可能恐懼對象是想像中的形象，但依舊有明確指向，當恐懼對象不出現或者已經遠離，恐懼將會慢慢緩解；焦慮則沒有明確指向，並且是指向未來的還沒有發生甚至未必會發生的事情，焦慮不會因為擔憂的事情已經發生或確定不會發生而消失，甚至會產生新的焦慮。焦慮情緒中包含了恐懼與擔憂，還伴隨著憤怒、羞愧和痛苦的感受。如果將兒童的恐懼情緒看作一種危險通報訊號，恐懼之下兒童會採取相應的策略，或逃跑，或迎難而上。就像兒童害怕父母吵架一樣，他們會在父母吵架的時候試圖成為裁判官，終止爭吵，或者躲進房間不聽也不想。若是兒童的策略失敗了，他們沒有成功分辨誰對誰錯，或者即使躲起來不聽不看，父母的爭吵卻沒有結束。如果父母一直爭吵，兒童將會感受到持續的恐懼和長久的無能為力，這時恐懼就逐漸轉化為焦慮。當父母的爭吵已經結束，兒童的焦慮卻不會立即消失，兒童會對父母的言語和行為很敏感，擔心父母還會爭吵，擔憂他們之間的關係，開始悶悶不樂、憂心忡忡。從這個角度來看，焦慮的內容是未解決的恐懼，是對恐懼的恐懼。區分焦慮和恐懼，並不是簡單從具體的情緒事件出發。真正理解焦慮與恐懼的關聯與不同，將有利於父母和其他成人養育者理解兒童當下的真實感受，便於協助兒童一起完善情緒調節機制。

第五章　兒童的複合情緒

　　根據焦慮發生的具體情況，可以將兒童的焦慮分成狀態焦慮和特質焦慮。狀態焦慮是在特定情境下誘發的，通常是對某段特定時間的擔憂和不安；特質焦慮則與兒童的個性有關，是一種比較持續性的緊張，即使沒有特定的情境，也會不安。例如，兒童得知將要和父母分離，分離之前的不安就是狀態焦慮，當父母已經離開或者已經回來，兒童的情緒也會隨之轉變。而一旦兒童形成了焦慮的人格特質，即使短期內沒有與父母分離的情況，兒童也會對父母的行為很敏感。只是此時的敏感若是促進了兒童與父母表達親密的情感，並未對父母與兒童自己的日常生活造成不良影響，則具有這種焦慮特質也無妨。如果兒童的焦慮特質使得兒童的注意力、飲食、睡眠、生活和學習都無法正常進行，則需要對兒童進行專業的諮詢和治療。

　　兒童階段首先需要應對的一種焦慮是分離焦慮。當兒童意識到將要與父母或親密的家人分離，就會表現出分離焦慮。分離焦慮不僅包括兒童將要離開父母和家人獨自在幼稚園裡度過一天的時間，還包括父母上班、去超市、出差等或長或短的分離。在第四章第三節關於「悲傷」的內容中，已經分享了如何幫助父母成功地與兒童離別，緩解兒童在離別時感受到的悲傷。而分離焦慮是在父母還未出發之前兒童的狀態，甚至是在父母回來之後，兒童對再一次分離的擔憂和煩惱所表現出的焦慮。兒童一直是敏感和主觀的，他們用一切方式拒絕令自己不愉快的事情，同時也能夠隨時覺察那些不愉快的事情的發生。

第一節　焦慮—焦慮並不存在

因此，面對兒童的情緒，坦誠和面對要比拒絕和迴避的效果更好。第一步，幫助兒童認知焦慮，辨識現在的情緒感受。父母可以試著和兒童共情，幫助兒童把感受表達出來：「我知道你捨不得奶奶離開，所以才會吃不好也睡不好，甚至很想大哭，大聲地告訴奶奶不要走。」然後告訴兒童，這是一種很正常的情緒反應，不用擔心，我們有很多辦法可以輕鬆下來，可以讓自己不那麼難過。第二步，根據具體的分離情境，逐漸讓兒童適應緩解擔憂。如果是父母上班或出差的分離焦慮，之前介紹過的捉迷藏遊戲和增加家庭其他成員的信任感都可以發揮緩解作用。如果是兒童在入學前的分離焦慮，父母在正式入學之前可以帶著兒童熟悉幼稚園的環境和生活，熟悉的過程中尋找兒童喜歡和感興趣的布置、玩具，也可以讓兒童和其他小朋友或教師提前交流，幫助兒童適應。此外，在最初送兒童進入幼稚園的時候，盡量避免全家人都出現在幼稚園的門口，爺爺、奶奶、弟弟、妹妹們的離別，在家裡進行就可以。兒童的情緒是情境的，當兒童看到所有的親人都被幼稚園的大門阻擋住，兒童會更難以承受。當兒童回到家中，可以分享兒童一天的經歷，在沒有父母的陪伴下，他經歷了什麼。不必在分享時補充一句：「你看沒有爸爸媽媽，你在幼稚園也很開心。」只需回應兒童的感受：「你今天交到了好朋友，你今天表現得確實很棒。」在緩解兒童分離焦慮時，還需要注意兩件事情：其一，如果已經持續了一段時間，兒童依舊對第二天上學、父母要去上班感

第五章　兒童的複合情緒

到莫名焦慮，那麼父母需要重新反思是否忽略了什麼環節；其二，兒童拒絕幼稚園，拒絕父母親人離開的原因有很多，分離焦慮只是外在表現，如果能夠洞察兒童的真實原因，更有利於緩解焦慮。

考前焦慮是兒童階段第二種不可避免的焦慮。幾乎每個兒童都會在臨近考試的時候，產生一定程度的焦慮，有的兒童因此減少了看電視的時間，一直在複習；有的兒童坐立不安，總是想著一旦考試結果不好會面臨的糟糕情境；有的兒童強迫自己看書寫評量，但是大腦就是一片空白，什麼也想不起來，什麼都記不住。焦慮情緒並非只會阻礙兒童的行為，一定程度的焦慮也是可以促進積極複習的。在這種程度焦慮的影響下，兒童能夠主動調整行為。當焦慮程度增加，導致兒童心跳加速，肌肉緊張，無法集中注意力，此時需要採取一定的措施來緩解焦慮。因此，兒童的考前焦慮緩解的目標是將焦慮調整到可控制的範圍內，並不是完全地消除。父母首先要做的，是承認兒童的焦慮：「這次考試是有難度的，現在的焦慮、擔心考試結果是正常的。即使是成人也沒辦法完全不緊張。」引導兒童接納自己的情緒反應，並將情緒表達出來。同時，父母要告訴兒童，焦慮對考試其實也會有幫助，只要把現在的焦慮程度降下來一些就可以。其次，父母帶著兒童進行一些放鬆訓練，調整呼吸和肌肉的緊繃，降低生理活性程度。這裡除了可以採取前文介紹的放鬆訓練的幾種方法，還可以嘗試「蝴蝶拍」的方法。

第一節　焦慮—焦慮並不存在

「蝴蝶拍」是一種情緒穩定的技術,當兒童無法集中注意力時,可以讓兒童雙手在胸前交叉環抱住自己的手臂,左手搭在右手臂上,右手搭在左手臂上,然後右手輕輕拍一下左臂,左手再輕輕拍一下右臂,依次進行,每次雙手各拍一下後,深呼吸一次。經過幾輪之後,情緒可以逐漸平靜下來。在學習的空檔,在教室裡和家中都可以使用,當某篇文章背不熟、某道習題解不開時,都可以用這樣的方法,休息一下,恢復認知的力量。

最後,和兒童確定考試的最低目標並制定實現計畫。父母對兒童考試成績的期待總是很高,排名越前面越好,導致兒童對自己的要求也是成績越高越好,因此不論考試成績如何,兒童和父母都覺得還不夠,甚至覺得不論何種程度的複習都不夠。然而每個兒童的學習階段不同,每個考試的性質也不同,與其設定一個高不可攀的最高標準,不如商定一個可以實現的最低目標。例如,只要排名與上次考試相差不超過三名就好,可以進步三名,也可以落後三名。或者這是晉級考試,只要通過最低標準線就是成功的。或者這場比賽我們的目標是「爭二保三」,保持現有的水準就好。降低兒童的壓力之後,制定可行的計畫和方案,逐步實現。父母可能會覺得這個要求是不是太低了,會讓兒童鬆懈。但是不要忘記這是兒童已經被要求考到最好而產生焦慮困擾,無法積極準備了,此時的最低目標是為了告訴兒童,這是兒童的能力水準所在,要為兒童增加信心。

焦慮令兒童陷入了只看到眼前的困境,忘記了困難是可以

第五章　兒童的複合情緒

解決的,以及困境解決後的輕鬆。父母也是如此,陷入兒童的焦慮和問題本身,忽視了情緒調節的宗旨 —— 緩解感受,用正面的情緒主觀感受代替負面的情緒主觀感受。兒童與父母都被這些焦慮糾纏,失去頭緒的時候,不妨提前感受一下情緒緩解後的輕鬆。這個方法兒童與成人都可以使用:將一張 A4 紙對摺,分成上、下、左、右四個部分,在左上的部分畫出此時此刻的狀態,可以是寫意的,也可以是寫實的,可以是線條或圖形;在右上的部分畫出目前的焦慮事件;接著想一想有什麼可以解決這些焦慮事件的方法,可行不可行的都包括,盡可能多地把所有的方法都畫出來;最後在右下的部分畫出當現在的焦慮事件解決了,自己會是什麼樣的狀態。畫好之後,簡單回顧自己的畫,感受最後一幅圖的狀態。生活中的所有困境都是可以突破的,想像焦慮和困境緩解之後的心情,有助於提升現在的正面感受。可能那些解決問題的方法太難實現,但是至少有一種方法我們已經做到了 —— 這個繪畫和回顧的過程就是緩解焦慮、釋放壓力、放鬆狀態的方法之一。回顧繪畫之前的焦慮狀態,與現在的狀態比較一下,焦慮是不是減少了一些?至少可以集中注意力了。這是生理層面放鬆的訊號。

　　焦慮對兒童的成長具有保護的意義,提醒了兒童在社會化過程中,對自己、對他人以及他人對自己的認知。適當的焦慮可以鼓勵兒童的正向行為,過大的焦慮雖然感染了兒童,但是透過適當的放鬆訓練可以調控。當兒童和父母的協助都不能緩

第一節　焦慮—焦慮並不存在

解兒童的焦慮狀態，並且令兒童的學習和生活都受到了一定程度的干擾，此時最好帶著兒童諮詢專業的心理諮商人員。焦慮症是兒童一種常見的異常心理狀態，其診斷有明確的標準，並不以單一的某種行為為依據。

　　現代心理學認為緩解焦慮最好的方法就是不焦慮。因為很多焦慮源自對症狀本身的擔憂。因為最近有考試，所以沒有睡好，做了關於考試的夢。兒童想著一定要休息好才行，不然會干擾到複習和臨場發揮。但是越想好好休息結果就越睡不著，甚至多夢。父母也覺得兒童這樣睡不好是糟糕的，尋找各種方法幫助兒童入睡，睡前一杯牛奶、更換更軟的被子等，結果反而打亂了兒童原本的睡眠習慣，更加睡不著。從此兒童和父母都開始緊張焦慮，並且彼此的焦慮相互作用。其實最好的方法就是不去管，也不去想，依舊像原來一樣，把這當成是一次偶然。焦慮在某種程度上就是對焦慮的焦慮。擔心會出現焦慮的狀態，結果焦慮爆發。所有的事情都順其自然，如果一直想著可能會發生的事情，無法專心，那麼就休息一下。當不再對焦慮本身擔憂，兒童的焦慮就自然得到緩解，父母的焦慮也隨之減輕，焦慮或許其實並不存在。

第五章　兒童的複合情緒

第二節　依戀與愛 —— 其實不只愛你

　　每個人都嚮往愛。嚮往能夠擁有與父母之間的愛、與朋友之間的愛、與愛人伴侶之間的愛、與兄弟姊妹之間的愛、與寵物之間的愛，以及各種或近或遠的關係之中的愛。愛具有指向性，表明了人們的感受、信念，愛指向的人或物，反映了人們社會化的情況。愛是一種感受，也是一種複合情緒，但是它和基本情緒一樣是與生俱來的。愛從嬰兒的母嬰依戀的關係中發展而來，隨著兒童社會化程度的深入而深刻。愛涵蓋了快樂、憤怒、悲傷和恐懼，也包含了滿足、焦慮、擔心和怨恨等感受，對每個人的成長和發展都有著巨大的作用。父母養育子女，為其提供無條件的愛即可，但是這份愛在遇到多子女情況的時候，在表達的時候，在面對子女與他人的愛的時候，總是充滿困惑。

　　嬰兒最初感受到的愛，就是嬰兒與成人養育者之間親密持久的情感關係。心理學家稱為「依戀」，它是一種與某個特定的成人養育者（通常情況下是母親）之間強烈的、長久的、持續的關係。嬰兒階段的依戀，發展為成長各階段的愛，並能夠反映各個階段的嬰兒與他人建立關係的情況。嬰兒的依戀在 3 個月左右的時候開始具有指向性，並逐漸建立，直到嬰兒 2 歲左右，不同的親子互動方式已經與嬰兒之間形成了不同的依戀類型。

第二節　依戀與愛—其實不只愛你

　　有這樣一個實驗，可以觀察到嬰兒的依戀特點：首先準備一個有很多玩具的陌生房間，由母親帶著 7 個月大到 2 歲的嬰兒一起進入，母親坐在嬰兒旁邊，任由嬰兒自由地玩耍；玩耍 1.5 分鐘之後，一個嬰兒並不認識的陌生人進入這個房間，進入後與母親保持沉默 1 分鐘，再與母親簡單地交談，交談大約 1 分鐘的時間後，陌生人來到嬰兒身邊，與嬰兒一起遊戲，遊戲時間 1 分鐘；接著母親離開房間，留下陌生人與嬰兒在一起；母親離開 1.5 分鐘之後，回到房間，安撫嬰兒，同時陌生人離開；母親第一次回來，與嬰兒相處 1.5 分鐘後，母親再次離開，並且只留下嬰兒自己單獨在房間裡；當嬰兒獨處 1.5 分鐘之後，之前的陌生人一個人回到房間，並參與嬰兒的活動 1.5 分鐘；最後母親第二次返回，重新安撫嬰兒，同時陌生人離開，母親的安撫持續 1.5 分鐘。到此整個實驗過程結束。在整個過程中，可以觀察嬰兒在每個環節的表情、動作和情緒反應，可以看到嬰兒遊戲的專注程度，以及擺弄玩具的動作變化，還有嬰兒對母親離開、回來，以及陌生人出現時的態度和情緒。不同的嬰兒反應完全不同，有的嬰兒發現母親離開馬上大哭，不允許陌生人靠近，有的嬰兒在母親回來後反而很憤怒，摔打玩具，還有的嬰兒會對陌生人表現出友好。

　　嬰兒共表現出三種依戀的特點：第一種，焦慮──矛盾型。這類嬰兒在進入房間後就一直關注著母親的動作，對玩具不是很專心，時不時地會看向母親，在母親離開時會抓狂大

第五章　兒童的複合情緒

哭，情緒像是要崩潰一般，當母親回來之後，他們拒絕母親的安撫與懷抱，很難平復情緒，既表現出想要親近母親，同時也會踢打母親，像是要懲罰母親，出現自相矛盾的行為，並且對陌生人並不友好，與玩具的接觸探索較少，情緒一直處於緊張的狀態。第二種，迴避型。這類嬰兒似乎更關注手中的玩具，對母親的離開並沒有表現出痛苦和不高興，當母親回來的時候也沒有很高興，並且主動地迴避母親的安撫，他們對陌生人並不在意，有時還會關注到房間裡其他的物品，但是可能會摔打玩具，表現出憤怒。第三種，安全型。這類嬰兒在進入房間後，雖然在玩玩具，卻會經常性地回到母親身邊，尋求母親的關注和安慰，當母親離開房間的時候，開始煩躁、不開心，甚至哭泣，在母親回來後，嬰兒會主動尋找母親的懷抱，情緒也可以很快穩定下來，他們對身邊出現的陌生人比較友好，當陌生人參與遊戲的時候，也願意一起玩。2歲左右嬰兒的依戀類型在嬰兒的潛意識中形成了某種內部工作模式，使嬰兒在人際關係中對他人有了相似的預期。迴避型依戀的嬰兒認為自己並不值得被愛，他人也不願意愛我，所以他們對親密的人和陌生人都不關注；焦慮──矛盾型依戀的嬰兒覺得他人不會愛自己，但是時而覺得自己是值得被愛的，時而又覺得自己是不值得被愛的，渴望他人的主動接近卻又拒絕接近；安全型依戀的嬰兒認為自己值得被愛，也相信他人會愛自己，所以通常表現出友善，並且樂於接受他人的友善。這些預期同時反映了嬰兒自童

第二節　依戀與愛—其實不只愛你

年至成人各階段的人際關係的特點。

　　藉助上述實驗過程，父母可以觀察自己的孩子的依戀類型是如何的。嬰兒的依戀類型反映了親密養育者（通常是母親）對嬰兒需要的回應，以及互動特點如何。安全型依戀的嬰兒的母親能做到及時覺察嬰兒的需求、隨時回應，並且鼓勵嬰兒獨立活動，常常進行各種形式的交流，即使嬰兒還不懂得運用語言，母親也會透過各種方式「回答」、「對話」，在辛苦的養育過程中傳遞給嬰兒快樂的情緒較多。焦慮──矛盾型依戀的嬰兒的母親更關注嬰兒的生理需求，對嬰兒的情緒的關注和情感交流很少，嬰兒只能透過不停地表示痛苦才能得到安慰。迴避型依戀的嬰兒的母親本身並不善於表達感受，比較少與嬰兒身體接觸，容易憤怒，對嬰兒的很多狀況手足無措，只能退縮什麼也不做。如果父母發現嬰兒在人際交往中表現出一些不適應的情況，或許可以從自己與嬰兒之間的互動尋找一下原因。

　　心理學家相信，嬰兒依戀的建立是分離焦慮的根本原因。不論嬰兒形成了何種依戀類型，嬰兒對母親（親密養育者）的情感連結的渴望是相同的，只是母親不同的回應方式讓嬰兒形成了不同的獲取親密連結的方式。所以當嬰兒發現要離開父母的時候，他們都是拒絕、排斥的。父母對子女的愛天生而在，卻因為元情緒特點不同，對愛的認知產生了差異。如果父母難以改變自己的行為模式，不妨試試將自己對子女的愛盡可能地完全傳遞，增加嬰兒被愛的認知，鼓勵嬰兒建立更正向的人際關係模式。表達愛的

第五章　兒童的複合情緒

方式不只是語言的表述,還可以透過動作和肢體語言,如擁抱。兒童學會行走,進入學校之後,就脫離了父母的懷抱,似乎父母與子女之間越保持距離,越能證明子女的獨立。但是擁抱是最能夠拉近距離、建立安全感的肢體語言,擁抱的時候身體內會分泌某種化學物質,使人自然而然產生一種親密感。擁抱還能減輕傷痛的心理感受,緩解負面情緒,甚至增強免疫力。擁抱的時候,將兒童環抱進懷裡,不必有語言,雙手也不需要拍打孩子的後背。擁抱時間持續3秒鐘以上就可以。小天因為臨近考試,總是很緊張,媽媽遵照心理師的建議,每天在小天上學出門和回到家裡的時候,都擁抱他一下,不主動和小天談論關於學習的話題,剛開始的時候,小天很僵硬,在媽媽的懷裡並不自然,像是被定住了一樣。但是一週之後,小天開始回抱媽媽,焦慮得到了很大的緩解,每天的心情也變得愉快起來。在學齡前,兒童經常表達對父母的愛,父母也很願意說出那句「我愛你」。但是隨著兒童的長大,這句關於愛的表述逐漸被各種要求掩蓋了。如果找不到表達的途徑,不妨回到孩子小的時候,拿起他的故事書,一起回顧關於愛的故事。繪本《猜猜我有多愛你》中描繪了一隻小兔子和一隻大兔子的對話,小兔子說:「我很愛你,就像張開的手臂那麼長的愛,就像我跳的高度那麼高的愛。」然而大兔子的手臂比小兔子張開後更長,跳起來更高,每次大兔子都回應說:「我愛你,就像我張開手臂這麼長的愛。」似乎牠的愛比小兔子的愛要多。但是就是這樣一句一句的細語,將親子之間的愛都表達了出來。

第二節　依戀與愛—其實不只愛你

　　兒童對父母的愛的渴望是無法阻擋的。美國心理學家哈里‧哈洛（Harry Harlow）曾經將一隻小猴子和一個「邪惡」的替代母親放在一個籠子裡，這個替代母親由特殊的工具製作，它能夠提供小猴子溫暖的擁抱，但是不定時地會發射出鈍頭的鐵釘，朝著小猴子發出奇怪的聲音，吹出強力冷氣，這些舉動有時還會弄傷小猴子。替代母親做出「邪惡」舉動的時候，小猴子都會害怕無助地躲到籠子的角落，叫喊著貼緊欄杆，可是當替代母親的「邪惡」舉動結束時，小猴子會立刻回到它的身邊，依舊緊緊地抱住這個「邪惡」母親。這個實驗的結果帶給了很多父母觸動，兒童並不介意父母的行為，只需父母的愛。有時父母情緒化地用責罵和嚴厲掩蓋了背後的關愛，甚至誤以為兒童可以理解父母的深意。與其讓兒童去試探和猜測，倒不如將愛直接地展示給你的孩子，可能會換來不一樣的結果。

　　父母對獨生子女的愛與對多子女的愛有不同嗎？很多教育案例闡明，當家中有了第二個孩子，會造成第一個孩子的各種影響，嚴重時甚至會產生很多矛盾。很多父母也因此陷入了為難，家裡有了小女兒，大女兒的脾氣就變得越來越暴躁，經常搶奪妹妹的東西，只要她在家裡，媽媽不可以抱妹妹，否則就哭鬧，嚴重的時候還會生病。兒童渴望父母的愛，這份渴望直到長大甚至老去也不曾改變。當家中多出了一個一切都需要他人照顧的弟弟或妹妹，兒童會感覺到失落，不同依戀類型導致他們表現出對父母的冷漠、拒絕，以及對新成員的排斥和試

第五章　兒童的複合情緒

探。小小的弟弟出生之後，家中來了很多人探望媽媽和弟弟，當這些人走後，媽媽都會對小小說，今天的禮物裡有一半是送給小小的，祝賀小小成為姊姊，媽媽還會提前和探望的朋友們說禮物盡量選擇小小喜歡的，到了家中一定要先抱抱小小，再來看弟弟。這樣的方式讓小小覺得姊姊是一個重要的角色，她得做好才行。此外，當家中的兩個孩子發生爭執時，要制定清晰的對錯判斷標準，不以哪個受傷或者流淚多為依據。妹妹搶了哥哥的玩具是錯的，需要道歉；哥哥推了妹妹，這是有危險的動作，也要道歉。尊重家中每個成員的空間和物品，可以把生活用品或者玩具、文具貼上標籤，這是媽媽的，這是爸爸的，這是哥哥的，這是妹妹的，讓兒童感受到公平與尊重。有時家中的第一個孩子排斥弟弟或妹妹可能是還不能適應原本的生活中多出來一個更加弱小的存在，他在睡覺的時候不能挨著媽媽，洗澡的時間要縮短等。這時候，家中可以制定一個「哥哥日」或「姊姊日」，每個月的這一天，父母只帶著哥哥或姊姊出門，恢復之前一家三口的狀態，同時也給父母自己放個假，和一個能夠清晰對話，不需要隨時抱著的大孩子在一起，甚至聽哥哥或姊姊吐槽弟弟或妹妹的幼稚，完全站在哥哥或姊姊這一邊。很多父母認為，對待子女總會偏心，總會因為各種原因分配了不同的關注度，孩子小的時候更關注年幼的一個，讀書的時候更操心學習不好的一個，孩子長大了更喜歡願意陪著父母的一個。然而愛是一種情緒，每個子女誘發的父母的愛，就如

第二節　依戀與愛—其實不只愛你

同不同的事件引發的快樂和悲傷一樣，無法比較哪個更快樂，因此也不能比較哪個子女誘發的愛更多。愛有著特定的指向，面對特定的人或事，只有愛與不愛，只能比較對同一個人來說，在不同時期愛的感受如何，卻不能衡量不同的人之間你更愛哪個。因此，衡量對哪個子女的愛更多，是不合理的，也是一個失誤。人們的愛並非只有一份，認識了新朋友就要分出去一部分，遇到喜歡的東西也要分出去一部分，導致每個喜歡的事物之間的愛總在變化。不同的人和物之間瓜分的只是我們的注意力，不是愛。因此，不存在「因為愛哥哥，所以愛弟弟少了一些」，也不存在「愛他所以不愛我」這類的情況。澄清了這個界限後，面對不同的子女，父母可以更加從容。

隨著兒童的長大，兒童開始感受到各種愛，朋友之間的友愛，師生之間的關愛，以及伴侶之間的戀愛。各種愛的表達和傳遞建立了兒童的社會關係網路，並且隨時為兒童提供幫助和支持，這就是前文提過的社會支持系統。這種支持將伴隨兒童的一生。如果將愛按照人生階段劃分，可以分成兒童階段的依戀和成人階段的愛情。愛情是最強烈的情緒主觀感受，與現實交織在一起，碰撞出很多動人的故事。愛情發生時，大腦內會分泌很多與情緒感受有關的化學物質，產生一種觀念陶醉感和興奮感，但是隨著時間的推移，人體內逐漸適應愛情喚醒的生理變化，愛情的感受逐漸消失，有研究顯示這個過程持續 6～30 個月。愛情的感受有時也可能是一種誤判，有研究人員發

第五章　兒童的複合情緒

現,當一個人提心吊膽地走在吊橋上的時候,如果正巧遇見另一個外貌上容易引起其好感的人,那麼人們通常會把此時的心跳加速、緊張興奮,理解為是對對方的怦然心動,認為對方很有魅力,進而會對對方萌生愛情。這種情況是因為人們將情緒的生理喚醒和認知判斷的順序顛倒了,出現了錯誤的理解,以為當時的生理變化是因為遇到的人。

愛情美好而充滿誘惑力,不僅是成人,兒童也嚮往著。很多父母擔心進入青春期的兒童出現「早戀」的情況,並且在兒童階段避免與兒童討論關於愛情的話題。但是兒童能夠透過各種途徑接觸到相關資訊。即使父母和教師都避而不談,兒童還是會接觸到愛情,並保持對其好奇和探索。愛情並不是成人專屬,兒童有著自己關於愛情的理解,爺爺奶奶之間,爸爸媽媽之間,愛情其實就在身邊。認知愛請,也是兒童情緒調節系統中的一環。愛情只是情緒主觀感受的一種。隨著兒童生理和心理的成熟,愛情自然萌發。這個過程與年齡無關。因此父母在懷疑兒童的愛情時,首先考量的應該是兒童的成熟程度,如果兒童的生理和心理還未發育完全,那麼並不會產生愛情。如果兒童已經發育完全,就不存在「早」的問題。愛情也許只是一種錯誤的理解,順其自然,這種強烈的感情也會逐漸消退。所以,不必這樣緊張,父母對兒童「早戀」和「戀愛」問題的關注,也是一種焦慮,是指向未來的一種擔憂。仔細想一下,這個擔憂一定會出現嗎?父母其實是知道緩解焦慮的方法的。

第三節　敵對 —— 需要一個敵人

　　這原本是個完美的暑假：爸爸幫我蓋了一間樹屋，妹妹有三個星期的時間都在夏令營裡，我加入了全鎮最厲害的棒球隊。可是傑米搬來了，他成為我最好朋友的鄰居，當我在棒球賽上失誤時他哈哈大笑，他舉辦了跳跳床派對卻沒有邀請我。於是傑米出現在我的敵人名單上，並且是唯一的名字。我把敵人名單釘在樹屋裡，他休想進去。爸爸是對付敵人的高手，他說和我一樣大的時候也有幾個死對頭，他用自己的方法消滅了他們。於是爸爸拿出了一本發黃的食譜，裡面夾著破破爛爛、字跡模糊的紙片，爸爸要幫我製作敵人派。這就是爸爸的獨家祕方。爸爸說敵人派是消滅敵人最快、最有效的方法。我想敵人派一定是很噁心的，所以我找來了一些毛毛蟲、石頭、嚼過的口香糖，可是爸爸都拒絕了，還讓我先出去玩。我在院子裡一直聽到廚房裡各種攪、拌、剁的聲音，但是奇怪的是沒有噁心的臭味，飄出來的卻是香香的味道。敵人派做好了，看上去和普通的派沒有區別，而且好像很好吃的樣子。爸爸說如果敵人派很難聞，敵人是不會吃的。

　　然後爸爸說想要敵人派發揮作用，最重要的是需要我用一整天的時間和敵人待在一起，並且要對敵人很友好。雖然我並不願意，但是只要一天的時間就可以讓傑米消失，還是值得的，只是不知道敵人派最後會讓他大哭，還是頭髮掉光。於是

第五章　兒童的複合情緒

我來到傑米家，傑米看到我也很吃驚，我緊張得要命，問他要不要出來玩，他有一絲疑惑，但是很快就答應了。我們一起玩了籃球、跳跳床、騎腳踏車、灌水球，為了對他友好，我故意讓他贏。而且我還在傑米家吃了午飯，下午的時候傑米看到我的樹屋，他問我可不可以進去玩。那是我一個人的樹屋，妹妹和爸爸我都可以拒絕，況且傑米是我敵人名單上的人，可是傑米教我丟迴力鏢，讓我玩他的跳跳床，還請我吃飯，是不是也不能算真正的敵人呢？最後我還是答應了。我和傑米在樹屋裡度過了很愉快的下午。晚飯的時候，爸爸做了我最愛的通心粉，也是傑米的最愛。之後爸爸拿出了敵人派。我大聲地告訴爸爸：「我有個新朋友，他真的很棒！」可是爸爸只是笑笑點頭，他一定以為我在演戲，可是我真的覺得傑米沒那麼壞了。爸爸把敵人派放在我們面前的盤子裡，還放了一大勺冰淇淋。我開始發慌了，我不想傑米吃這個派，他現在是我的朋友，不是我的敵人。於是我阻止傑米：「這個派很難吃，說不定還有毒。」傑米果然停住了，我鬆了一口氣，覺得自己救了他的命。可是傑米問：「為什麼你爸爸已經吃掉那麼多了？」爸爸嘴裡塞滿了派，笑個不停，什麼事情也沒有發生。傑米也吃了起來。我嘗了一小口，敵人派真的好吃極了。最後我的敵人消失了，因為他變成了我的朋友。

—— 故事摘自繪本《敵人派》

當兒童描述一天的經歷時，有沒有苦惱憤恨地訴說自己最討厭的某個人呢？他的樣子、舉止、穿的衣服、梳的髮型，都

第三節　敵對—需要一個敵人

讓人討厭。成人希望兒童在和諧美好的環境中長大，但是生活中有很多與兒童想法不同、行為不能理解甚至立場完全不同的人，當兒童感到被冒犯，無法與之友好相處，敵意就出現了。

敵對是一種兒童階段出現的複合情緒，是在遭受挫折和阻礙，引起強烈不滿時表現出來的一種仇視和對抗。兒童的敵對情緒不是天生就有，它與社會化和認知評價、認知判斷有關。敵對情緒由憤怒情緒轉化而來，其中主要包含憤怒、厭惡和輕蔑三種情緒。憤怒是在持續的痛苦感受下發生的，是當自己有權利做的事情被阻止而感受到的一種情緒；厭惡是當人們的純淨感被侵犯時的一種感受，包含飲食和環境方面的厭惡與道德上的厭惡；輕蔑是當面對強大危險的對手的時候，以「我比對手強」的信念去對付對手的一種情緒。可見，敵對是完全的負面感受。兒童的敵意指向很多人，如班級活動中有不同想法的另一個負責人、和我的好朋友更親密的其他同學、做事不公平一直偏心別人的教師等。在這種敵對情緒下，會影響理智判斷，出現衝動不合理的行為，儘管敵意指向的是他人，但是在內在感受到的是持續的不良展現，這種負面心理感受會導致消化系統和免疫系統的疾病，甚至還會導致憂鬱類的心理問題。緩解敵對情緒是很重要的，然而所有的敵人都要像前文故事中一樣化解嗎？

情緒是兒童對人際交往情況的直接反應，敵意中更摻雜了兒童的價值判斷。憤怒的部分表明了兒童被限制的自由，而厭

第五章　兒童的複合情緒

惡的部分表明了兒童的價值判斷。兒童大約在 4 歲以後表現出比較明顯的厭惡情緒。研究發現，厭惡由兩個部分組成：原始厭惡和道德厭惡。原始厭惡來自難聞的氣味，噁心的、骯髒的物品，排洩物等。但是這種原始厭惡取決於物品本身是什麼，而不是其散發的味道或者形狀等屬性。就像是臭豆腐之類的小吃，雖然氣味本身是刺激性的，但是人們認為這是一種美味，並不會厭惡反而很追捧。有時父母會發現，在某個時期，兒童之間流行那些看上去噁心甚至恐怖的物品，如排洩物形狀的糖果、能夠流出鼻涕的玩具、血淋淋的模擬內臟擺飾等。這些物品通常會令人噁心，但是在兒童眼中使用它代表了一種勇敢和另類。同時這些物品本身是製作出來的，並非真實的，也降低了厭惡感。道德厭惡是對違反道德和社會規範的語言與行為的厭惡。道德厭惡與社會文化背景有密切的關聯，不同的時代可能會有不同的立場和感受。兒童與父母之間對於大眾文化的道德認知基本一致，但是對於小眾流行中的規範可能難以達成一致，如關於追星、衣著、化妝等。有些在父母的價值體系中是違反道德純粹的行為，在兒童的眼中可能並不認同。這個矛盾在兒童進入青春期，追求獨立自主時尤為明顯。厭惡情緒導致的結果是躲避和迴避。厭惡情緒具有傳染性，厭惡的人或物碰觸過的物品，也會被認為是令人厭惡的。例如，蟑螂爬過的盤子，即使消毒清洗，人們也不會願意再次使用，罪大惡極的殺人犯戴過的帽子也會被人們排斥。當兒童對某人產生厭惡的感

第三節　敵對─需要一個敵人

覺，會拒絕靠近和接觸。

而輕蔑的部分表明了兒童對自己的期待與對他人的偏見。輕蔑是在認知評價的基礎上出現的，伴隨著嫉妒和怨恨。兒童對輕蔑的對象的評價都是極端的、貶低的。兒童通常會遠離輕蔑的對象，與之保持一定的距離，但是也會有管制的意向，希望能夠清除或者重塑他們。引起兒童輕蔑情緒的對象，在兒童認知中是能力低下、等級不同的，與自己的價值標準不同甚至冒犯了這個標準。但是研究發現，輕蔑情緒常常在同層級但是距離較遠的人之間出現。例如，熟人、同事、校友、社區鄰居以及大家族中的成員等。研究人員認為，其實人們和自己的輕蔑對象有很多共同點。經常表現出輕蔑的人，會表現出一種「防禦性的高自尊」，即言行看起來自信，但是很容易被外界的評價影響，內心深處的自我評價並不高。嬰兒期的依戀類型屬於迴避型，兒童的輕蔑並不是驕傲，反而暴露了自我的脆弱。

兒童的人際交往並不會一直順利，面對與自己不同的人、不能理解的信念和不同的立場，敵意是兒童面對人際交往困境的一種抗議。由於厭惡和輕蔑的交織，兒童對他人的認知和判斷都是負面的。在憤怒的影響下，兒童有可能產生語言和行動上的攻擊，但是厭惡驅使兒童遠離，輕蔑則讓兒童與之保持距離，因此大部分兒童的敵意都是意向多於行為。當然，有的兒童在無法迴避的時候，也會採取心理和情感上的傷害。例如，不讓傑米進入樹屋，拒絕對方的任何訴求，用冷笑、白眼、斜

第五章　兒童的複合情緒

視的表情面對對方，孤立和遠離對方。兒童不論採取何種方式，都會被這種敵對情緒困擾，同時讓自己陷入苦惱。兒童的敵意可能有些道理，也可能證據並不牢靠，這與兒童的主觀判斷有很大關係。如果其中發生了某種誤解，或許可以像前文的故事一樣化敵為友。如果兒童並不能接納這個敵人，敬而遠之也是一種策略。令兒童產生敵意的人或事，如果有了父母的幫助，總會找到解決辦法。回到情緒調節本身，如果兒童想要緩解自己感受到的敵對情緒，可以嘗試這樣幾種調節策略：第一，控制表情。當聽說或面對敵人的時候，控制自己不要出現厭惡或者輕蔑的神情，努力做到普通的表情。第二，改變對對方的判斷。不是完全扭轉，而是告訴自己：事情並不完全是我想的那樣。適當改變自己設定的原則和界限，避免走進絕對化的不合理信念。第三，順其自然的遺忘。隨著知識和經驗的增加，兒童還會接觸到更多的人、更多的事，7歲時的敵意，在10歲時可能早已拋到了九霄雲外。

兒童的敵意可能朝向某個人，可能朝向某個具體的物品或者某件事。具體的表現包括挑食、厭學以及故意違背成人的意願、與弟弟妹妹爭吵等。面對兒童的種種敵意，父母一定不能忽略兒童隱藏在情緒背後的需求。有時這個需求只能由父母去發現，發現兒童正在社會化過程中遇到的阻力。有研究人員相信，兒童的壞習慣、不遵守規則、排斥學習都是一種無聲的反抗，用敵對堅持自己的界限。很多家長苦惱兒童的不聽話，每

第三節　敵對—需要一個敵人

天的對話都像是和一頭小獅子在對抗。那麼需要再次強調一個立場，兒童的情緒感受和情緒調節是以兒童為主導的，如果父母的困擾是覺得兒童的種種對抗行為讓自己苦惱，那麼需要調整情緒的其實是父母自己。尋找與兒童的溝通方法，而不是以此證明兒童有敵對情緒，需要調節。從兒童的角度，兒童的感受可能不是對抗，只是悲傷和壓抑。如果兒童因為每天想著自己的「敵人」，滿腔憤恨和厭惡，不知道該怎麼辦，那麼兒童需要情緒調節。

很多教育研究人員將父母與子女之間的關係形容成一場博弈，不斷相互試探彼此的界限。兒童並不能夠馬上理解父母的立場，有時兒童會表達出對父母的不滿，甚至說：「我討厭爸爸！我恨你們！」這句話一定會讓很多父母傷心無比，瞬間不知道該怎麼辦。回想對敵對情緒的分析，這句話正是兒童的攻擊。如果這句話也引起了父母的憤怒，恐怕結果會走向一個彼此都受傷的結果。既然這是兒童的攻擊，那麼乾脆忽略它，不做回應，讓兒童看不到這句話攻擊的力量，自然就會放棄了。如果父母當下還是想要回應些什麼，可以告訴你的孩子：「聽到你這樣說，我很遺憾，但是不論怎樣，我都是愛你的。」父母可能會覺得當下我已經受傷了，還怎麼可能這麼冷靜地處理呢？那麼強調原則，而不是自己的委屈：「我知道你不高興了。但是這涉及安全，就算你不願意也不行。而且，我希望你告訴我你的想法，而不是使用這些傷人的話。」如果希望兒童就事論事，

第五章　兒童的複合情緒

那麼父母也要貫徹這個規則。要知道，兒童反抗的只是對他的限制，並不是父母。

兒童會因為他人冒犯了自己的價值理念而產生敵意，同樣地，兒童也會因為自己的價值理念被他人認為是冒犯的而感受到來自他人的敵意。那麼這時要調整自己的認知判斷還是堅持到底呢？關於世界、自己、未來、過去，有太多的觀點。有一個女孩熱衷於哥德式風格，每天的衣著打扮在同齡人中顯得很另類，所以很多同學遠離她，甚至議論批評她。身為她的父母，要怎麼做呢？沒有朋友孤單的感覺很糟糕，但是要結交朋友卻要否定自己。按照大多數人的喜好妥協了的話，如果有一天這個女孩現在的喜歡成了流行，又該怎麼辦呢？女孩也許也很糾結，直到有一天回到家裡，她發現爸爸把家裡的房子改成了哥德式風格。對與錯，如何選擇，困擾著兒童，也困擾著成人。女孩想要加入足球隊，男孩喜歡洋娃娃，為什麼不可以呢？或許沒有對與錯，只是思維定式罷了。父母常常感慨現代的兒童接觸到了太多的資訊，甚至萌生了很多不可思議的想法。如果這些想法沒有違反法律和道德，只是過於小眾，那麼需要改變自己而追隨大多數人嗎？如果是他對一個與自己價值理念不同的人表現出排斥和敵意，那麼需要改變自己而包容小眾嗎？怎麼都是讓我們的孩子改變呢？面對這其中的偏見和感到被冒犯，一定要區分對錯，對的要讚揚，錯的必定要懲罰，這種想法似乎過於絕對化，陷入了不合理信念中（詳見第三章

第四節）。對和錯是相對的，都有存在的意義，那麼就出現了另一個角度：嘗試讓兒童學會運用包容。包容，也就是尊重所有的存在。如果我不能理解，這只是我的想法，並不影響你的存在。即使是敵人，我尊重你和我生活在同一個空間的權利，我尊重我的敵人，我允許自己有一個敵人。畢竟，比起擁有一個敵人，讓整個世界的人都成為朋友太難了。

第四節　憂鬱 —— 告訴我，發生了什麼

憂鬱是持續一段時間的心境低落，憂鬱情緒發生的時候，人們會感到心情煩悶、鬱鬱寡歡，苦惱卻找不到解決辦法，憂傷卻找不到方式排解，心煩意亂，狀態不佳，做什麼都提不起興趣。憂鬱是很重要的複合情緒，同時也是痛苦的，當人們無法改變也無法擺脫那些負面的生活事件時，痛苦持續並轉化為憂鬱，此時的人們對世界和對自己都有一種厭惡的、憤怒的感覺，但是卻無能為力，只有忍受，導致喪失自信、陷入自責。

兒童在嬰兒階段已經有憂鬱情緒反應，當母親離開，嬰兒會不斷地啼哭尋找母親，情緒一直處於難以平復的狀態。然而這種情況持續約一週之後，嬰兒的啼哭轉換成低聲的啜泣，探索行為退縮，對周圍事物興趣減退，甚至食慾下降，體重不

第五章　兒童的複合情緒

再繼續增加，出現身體的不適。此時嬰兒便出現了憂鬱情緒。但是嬰兒的憂鬱情緒大多能夠自我生理調節，逐漸地恢復食慾和興趣。隨著嬰兒的長大，在學齡期，當兒童遇到學業上的失敗、身體健康出現問題、人際關係不良、父母期望過高、生活環境和家庭結構改變等負面改變時，憂鬱情緒也會隨之發生。兒童的憂鬱表現包括情緒惡劣、敏感、孤單、焦慮、常發脾氣，認為自己很笨，沒有優點，會有自責的想法，對一切的活動、人和事物都不感興趣，拒絕參與，食慾下降，疲憊無力，過動，對學校感覺恐懼等。引發憂鬱情緒的最初事件往往是失敗的，是兒童無力改變的，這種無力讓兒童產生痛苦、內疚、自責，陷入憂鬱，而憂鬱狀態導致兒童行為退縮、情緒減退、不想做事，但什麼也不做事情自然不會好轉，這又強化了「我沒用，我太笨」的想法，憂鬱再次加深……如此循環往復持續下去，兒童就陷入了持續性的不良感受。

　　憂鬱近來被眾多的人關注，主要是因為憂鬱症導致了很多糟糕的結果，那些自傷自殺的紀錄讓人們懼怕排斥憂鬱。然而憂鬱情緒並不等於憂鬱症。憂鬱情緒是一種正常的情緒反應，對兒童的成長有著重要的意義。大約 12% 的人都會感受到一段時間的憂鬱，其中大部分在 6 個月左右的時間之後會逐漸緩解。而憂鬱症是以憂鬱情緒為主要表現的一種心理障礙。長時間地處於憂鬱情緒不等於患上了憂鬱症。憂鬱情緒是對特定生活事件的反應，但是憂鬱症情緒低落的原因往往並不清晰。憂鬱

第四節　憂鬱—告訴我，發生了什麼

症的診斷，首先需要進行是否患有心理障礙的區別診斷，然後根據近期的情緒行為特點，參照精神疾病診斷標準中的症狀診斷，此外還需要參考病程時間和社會功能受損的程度，以及與其他的病症做排除診斷。有的成人養育者只參照診斷症狀便對自己或者兒童做出憂鬱症的推論，這是不合理的。如果擔心自己或他人患了憂鬱症，可以對照憂鬱症的典型症狀簡單自查，如果大部分符合，則需要尋找專業的臨床精神科醫生進行準確的診斷和治療。憂鬱症的典型症狀是「三無」、「三低」和「三自」。「三無」是感覺孤立無援，對現在和未來無望甚至絕望，感到自己做的所有事情都是無用的、沒有價值的。「三低」是指情緒低落，思維低速遲緩，意志降低減弱。「三自」是指過分的自責、誇大犯下的過失；雖然說不清楚原因，但是堅信自己犯了罪，過錯嚴重，對不起所有人，受到嚴懲才好；想要結束自己的生命，甚至有自傷自殺的計畫。儘管憂鬱症屬於異常心理問題，但是就像其他的身體疾病一樣，只要與專業醫生配合，在家人朋友的支持下，它是可以得到很好的改善並治癒的。

如果兒童陷入憂鬱情緒，可以透過一些嘗試進行自我調節：第一，所有的情緒出現都是合理的，憂鬱已經出現了，就給自己一個自癒時間，在這段時間內允許自己軟弱、悲傷、厭世，允許自己什麼也不做，就和憂鬱情緒在一起，最重要的是還需要設定一個結束時間，在結束時間到來之後，要開始自我反思，轉變自責的想法，尋找解決問題的辦法。第二，針對情

第五章 兒童的複合情緒

緒的週期性特點，那些在情緒週期內的憂鬱情緒可以透過溫暖舒適的陽光來調節，晒太陽，透過身體的舒適提升心理的舒適感受。第三，有規律的運動和固定時間的規律睡眠，對於輕度憂鬱有很好的改善效果。第四，有研究人員發現，養寵物、與寵物互動可以在一定程度上緩解兒童的憂鬱情緒。第五，與信任的人傾訴痛苦的感受，將無助釋放出去。那麼當兒童和你傾訴自己的憂鬱，要如何回應呢？心理學研究人員總結了幾種回應，可以參考下頁表。

傾訴內容	應該的回應	不應該的回應
我覺得好憂鬱。	為什麼？快告訴我是怎麼回事？	你有什麼好憂鬱的？你又聰明長得又好看……
我早上都不想起床。	為什麼會有這種感覺？今天有什麼令你擔憂的事情嗎？	別這麼懶惰，整天躺在那裡有什麼用？
我太累了。	我們回家吧，我做好吃的東西給你吃，然後聊聊你今天的經歷。	你不是一整天都坐著嗎？
有時候我真的不想活了。	你對我太重要了，我無法想像沒有你的生活。	別這麼說！你知道父母做了多少努力才有今天的你嗎？
（嘆氣）唉，媽媽。	你今天過得怎麼樣？	你吃飯了嗎？冷嗎？去健身房了嗎？工作怎麼樣了？

傾訴內容	應該的回應	不應該的回應
我壓力很大，很迷茫，而且不知道該怎麼辦。	你不是孤單的一個人，我會給你建議。	每個人都是這樣。

「我覺得好憂鬱！」這並不是在尋求診斷，而是一個求助的訊號，代表對方正在承擔某些壓力，並且感受到了痛苦，自己想解決卻不知道該怎麼辦。其實每個情緒背後都藏著一條暗示。當兒童對你說出這句話，比起拿出診斷依據說「你好得很」，不如和他找一個舒服的地方坐下，聽聽他的想法。也許父母也會被兒童的憂鬱心境感染，不知道該怎麼回應，沒關係的，靠在一起，說累了就睡一會兒，我們都需要緩解一下疲憊與無力。

第五節　自我意識情緒 —— 誰才最了解我

複合情緒反映了兒童社會化過程中，人際互動的關係和對世界的探索進程。其中依戀和愛與他人和兒童之間的關係有關，焦慮與兒童的控制感有關，敵意與兒童的界限有關，這些都指向了兒童與外在世界的關係。隨著兒童對自己認知的增加，逐漸產生與自我評價有關的情緒，也就是自我意識情緒。自我是兒童在成長過程中形成的，是兒童對自己狀態的認知，

第五章　兒童的複合情緒

包含對自己的獨立性、社會角色的評價，同時也包含了行為標準、規則等。自我意識情緒反映了兒童對自己的態度。自我意識從兒童 2～3 歲形成「我」的概念時開始出現。當兒童對事件的感知加入了反思，從自己的角度尋找原因，自我意識情緒就出現了。自我意識情緒包含自我的認知和評價，自我認知評價升高和降低時，會感覺到不同的情緒。和其他情緒比起來，誘發自我意識情緒的特定刺激並不明顯，但是認知加工過程相對複雜，而且自我意識情緒沒有明顯的可以辨識和檢測的表情，通常依靠整體的身體姿態和動作辨識。

自我意識情緒調節兒童的行為，是兒童監控和約束自己行為的重要環節。兒童在成長過程中會對自己設定某種目標和期待，當這些目標和期待符合社會規則，兒童感受到自信和自尊，甚至當得到誇獎和稱讚的時候，就會有一種自豪和自傲的情緒。但是當目標和期待不符合社會規則，甚至違背了某些準則時，就會導致羞愧、內疚的情緒發生。自我意識情緒促使兒童以一種符合社會道德規範的方式進行人際交往，更好地完成社會化的進程，並且獲得一定的歸屬感，被自己和他人接受。此外，自我意識情緒鼓勵兒童追求自我價值的實現。

尷尬是一種自我意識情緒，在看到這兩個字的時候，人們就會有一種不自然的感覺。尷尬情緒包含了緊張、彆扭、難為情、不知所措的感受。通常有四種類型的情境會引發尷尬：失禮和違背社會習俗（例如，不小心碰倒了公共場所的東西、忘

第五節　自我意識情緒—誰才最了解我

記某個人的名字、別人都穿著校服但是自己穿得很隨意、無意間發現他人的隱私等），兩難的棘手情境（例如，剛剛借出去的書不得不要回來），成為大家關注的焦點（例如，在親戚面前唱歌、課堂上被叫起來回答問題、被當眾誇獎等）和共情性尷尬（看到他人處於尷尬情境時也會引起自己的尷尬）。2 歲左右的嬰兒逐漸出現尷尬情緒；4 歲時他人的表揚、某個任務的成功和失敗都會引起兒童的尷尬情緒。儘管此時的兒童能夠辨識和理解尷尬，但是在 8 歲之後他才能用語言恰當地表述出自己的感受是尷尬，在 10 歲之後，尷尬情緒的理解和表達進入快速發展的階段。青春期兒童的尷尬情緒最頻繁也最強烈。但是成年後，尷尬的感受越來越少。尷尬情緒沒有明顯的性別差異，男生和女生對尷尬的理解、發生情境和感受是基本一致的。尷尬發生的時候，其外在行為常常以一種特定的順序出現：頻繁的目光躲閃，逃避眼神接觸，言語中斷，觸碰臉部或者用手遮住眼睛，緊張地傻笑，傳遞出來的是一種不想被看見的訊息，有時還會低下頭或者乾脆走掉。

尷尬是一種偏負面的感受，但是尷尬情緒卻發揮著保護性的作用。有研究發現，當有人做錯了事或者做了不合適的、冒犯的行為，比如，損壞了私人物品，水灑在了衣服上，表現出尷尬情緒的人更容易被諒解。面對犯錯的兒童，如果他表現出尷尬，懲罰和指責的程度都會減弱。尷尬情緒傳遞了一種訊號：我的行為不是故意的，我很在意你的想法。對方的尷尬會降

第五章　兒童的複合情緒

低當事者的憤怒，能夠在某種程度上將衝突的緊張氣氛轉化為禮貌的氣氛，人們也更願意接近看上去尷尬的人並提供幫助。但是如果父母認為兒童就是故意犯錯，兒童的尷尬並不會發揮太大作用。尷尬能夠幫助兒童修復不良關係，建立良好的人際關係。引發尷尬的情境是失禮的，並且違背了社會習俗，但是並沒有違背社會道德。兒童在成長過程中，對自己的社會角色有某種預設和預期，當兒童的行為或者所處的情境破壞了這個預期，或者有可能會引起他人不可預估的評價時，兒童就會感到尷尬。但是如果兒童對自己有足夠的信心，尷尬就會比較少出現。需要注意的是，成為關注的焦點也是兒童尷尬的原因之一。兒童最開始產生尷尬情緒就是暴露在大家的關注中，不論此時的關注是正面的還是負面的。父母常常會對兒童提出在公共場所成為焦點的要求，兒童拒絕，父母會理解為兒童害羞、缺乏勇氣或者禮貌性地回絕，但是也有可能是因為兒童無法預估他人的評價而產生的尷尬。儘管兒童的尷尬並不會持續太久，但是經歷尷尬情緒後，兒童對自己的評價會發生變化。

羞愧、內疚和尷尬三種情緒常常相互比較，因為這三種情緒的誘發情境有相似之處：糟糕的表現。當糟糕的表現增加了公眾關注的機會，並且行為出錯的原因並不能歸咎於自己，此時的情緒是尷尬；但是當糟糕的表現是因為沒有成功實現預期，不論這種預期是自己的，還是他人期待的，一旦任務失敗，則會引起羞愧的情緒；當糟糕的表現違背了社會道德，如果傷害

第五節　自我意識情緒─誰才最了解我

到了他人，人們會感到內疚，若是損害到了自己，人們會感到後悔。在主觀感受方面，尷尬雖然讓人感到不舒服，但是人們還會感覺滑稽可笑，甚至談及時會自嘲，感受也比較輕鬆。羞愧和內疚的情緒只會更多地讓人感到厭惡和憤怒。尷尬的時候，大多數情況下旁觀者以陌生人居多，但是當被親人朋友關注時，羞愧和內疚感會更強烈。三種情緒對自我的判斷感受完全不同，是彼此獨立的情緒。

兒童的羞愧從失敗和失誤開始。兒童將失敗歸咎於自己的能力不足，會有一種強烈的、痛苦的感受，這就是羞愧，也叫做羞恥感。兒童羞愧時會有深深的無力感，行動上想要逃避和退縮，也會嘗試各種方法擺脫這種情緒，例如，尋找新的角度解釋任務的失敗，努力地壓抑並隱藏情緒，但是往往難以擺脫。因此，羞愧情緒常常引發焦慮和憤怒，他們覺得這些糟糕的結果是無法改變的，局面難以掌控。羞愧的誘發事件可能是大家都可以看到的失敗，也可能只是發生在兒童內心的某個期待落空。大約 5 歲的時候，兒童逐漸理解並表現出羞愧情緒。羞愧與道德感有很大的相關性，羞愧會阻止兒童做出違反道德的事情，並努力使自己的行為符合他人和自己的期待。兒童的羞愧與成人的直接刺激相關，成人養育者尤其是父母的負面評價會激發羞愧的情緒。很多父母在教養過程中也期待兒童能夠感覺到羞愧，以此來約束兒童的行為，遵守規則。父母認為感到羞愧才能意識到自身的問題並改正，才會去追求榮譽。有研

第五章　兒童的複合情緒

究發現自尊心比較強的兒童，常常感受到羞愧情緒。但是羞愧情緒本身並不會促進行為，反而是一種退縮，父母在運用羞愧激發兒童的動力時，需要與兒童客觀地分析事件，並充分運用鼓勵的技巧。

　　與羞愧情緒比較相近的另一種自我意識情緒是羞怯，也被稱為害羞，經常發生在人際交往的情境中。父母比較擔心兒童的羞怯，認為這是兒童的適應不良，不擅長社會交往。其實這是一種誤解，適當的羞怯是一種正常的情緒反應，只是表明兒童對社交過程的感受不同。兒童的自我發展完善與否並不以羞怯表現為衡量標準。羞怯與性格特點有關。兒童階段常常產生羞怯，並且隨著年齡的增長會有變化。如果兒童只是在交往中表現出適度的羞怯，而非因為過於緊張拒絕人際溝通，父母遵循兒童的個性發展規律就好。

　　當人們經歷了失敗和違反了社會道德，並覺得傷害了他人，內疚的情緒就會出現。與羞愧不同的是，內疚促使人們採取行動，如道歉、修正失敗或避免再次犯錯。內疚和羞愧常常是互動的，令人內疚的行為也會讓人感到羞愧，但是羞愧並不會轉化為內疚，內疚的感受相對弱一些。人們感到內疚時只針對自己的某種行為，常常對自己說要是沒有做這件事就好了。在自我評價方面，並不會認為自己是沒有能力的，只是覺得某種行為有錯。有研究發現，兒童的內疚情緒會促進助人的親社會性行為，為了彌補過錯和對他人造成的傷害，兒童會主動地

第五節　自我意識情緒─誰才最了解我

採取一些行動。正是這種主動的行動使得內疚感比較容易擺脫。而且，內疚並不會讓兒童慌亂，他們通常會尋找解決問題的方法。在小學階段，兒童內疚情緒引發的親社會性行為較多。內疚同樣與道德感的形成有很大關係，兒童越接納道德準則，一旦準則被破壞，內疚感就越嚴重。而內疚感受較少的兒童行為更傾向於以自己的利益為先，很難做到體諒他人。然而內疚事件並不都是能夠採取行動彌補的，如果無法向被傷害的他人道歉，也無法採取行動，人們會採取懲罰自己、拒絕讓自己快樂的行動。心理學家稱為「倖存者內疚」，通常這種情況與大的災難事故有關，比如，某人在某次事故或者災難中倖存，產生了「為什麼死的是他們而不是我」、「如果他們不開心我也不能開心」這種不合理的邏輯。這種情況在父母倖存而孩子遭受傷害的時候尤為常見。有的父母因為孩子在醫院去世，指責醫生；因為事故中自己獲救而孩子去世，父母甚至選擇自殺等。

羨慕、嫉妒和妒忌都是兒童與他人進行比較、發現自己存在不足時感受到的情緒。凡是兒童覺得有價值、能夠激起內心的渴望，但是又暫時無法擁有的人或物，都會引起羨慕的情緒。羨慕的感受並不好，提及羨慕情緒，基本上每個人都會提及對他人的羨慕，很少有人會自詡是被他人羨慕的。羨慕情緒有四種表現形式：欽佩型、矛盾型、攻擊型和抑制攻擊破壞型。欽佩型羨慕情緒的兒童願意承認自己的羨慕，對羨慕者心懷敬意，提及嚮往的事物充滿愉悅，甚至會努力地提升自己，這是

第五章　兒童的複合情緒

一種正面的感受；矛盾型羨慕情緒的兒童不願意承認自己的羨慕，甚至在內心壓抑和排斥這種感覺，他們希望自己不會對他人的優越之處有渴望，所以內心感受是掙扎矛盾的；攻擊型羨慕情緒的兒童攻擊羨慕的對象，故意貶低詆毀，此時的兒童並不會採取自我提升的行動，反而用這種貶損的方式來緩解內心的焦慮；抑制攻擊破壞型羨慕情緒的兒童則完全沉默，兒童不會承認，也不會詆毀，感覺像是對那些優勢的部分不感興趣。羨慕既可能會激發兒童努力，也可能會引起攻擊性行為。

嫉妒在人際關係中發生，通常涉及三個人，當兒童看到媽媽抱起別的孩子，兒童會嫉妒。嫉妒包含了焦慮、悲傷和怨恨等感覺。兒童的嫉妒從很小的時候就開始發生，兒童在有了自我意識之後，會經歷以自我為中心的階段，他們認為自己獨享父母的寵愛和稱讚，也希望自己是備受表揚的。此時兒童還不能理解他人，所以最初的嫉妒是兒童的一種自然的情緒反應。但是隨著兒童自我的發展，再次感受到嫉妒，是因為擔憂自己擁有的關係或者物品會失去，同時也擔憂他人會得到屬於自己的這部分關係。雙重焦慮之下，嫉妒成為一種負面的感受，長時間的嫉妒感受還會帶來生理上的不適。兒童擔憂的關係可能是目前屬於兒童的，比如，媽媽是教師，就覺得媽媽班級裡的學生搶走了自己的母愛；爸爸是兒科醫生，就焦慮那些兒童患者搶走了爸爸對自己的關愛。也有可能目前還不屬於兒童，例如，希望成為某個同學最重要的好朋友，但是發現其他同學好

第五節　自我意識情緒─誰才最了解我

像搶先一步成為他最好的朋友。在這種失去的焦慮之下，兒童充滿防範，患得患失。兒童會有兩種方向的行動，一種是貶低對方，強調對方不值得擁有這份關係；一種是努力讓對方嫉妒自己，兒童會「受傷」以博得父母更多的關注，讓核心關係中的那一方傾向於自己。

妒忌同樣發生在他人比自己擁有更好的成就、更優越的條件、更好的物品和能力時，與羨慕不同的是，妒忌還伴隨著自卑、敵意和怨恨，內心期待著他人失去這些令自己羨慕的東西。妒忌發生在相似群體中，兒童會妒忌自己的同學、兄弟姊妹或同齡人。妒忌的產生代表兒童認為自己做不到那麼好。研究發現，兒童的妒忌在 6～8 歲出現得比較多，隨後逐漸減少，這可能與兒童自我認知的發展有關，當兒童能夠從更加客觀和全面的角度認知自己時，自卑和敵意降低，妒忌也就減少了。妒忌對兒童行為的影響有兩個方面，一方面促進兒童自我提升，因為不希望他人表現得比自己好，所以不斷提高對自己的要求；另一方面會導致一些欺騙和攻擊性的不道德的行為，在對方遇到困難時還會幸災樂禍、暗自高興，故意疏遠對方。

每個人都在自覺或不自覺地與他人做外在和內在的比較，透過比較了解自己。當發現他人比自己更優越，甚至會威脅到自己擁有的關係和珍惜的事物時，羨慕和妒忌就產生了。在兒童的日常生活中，若兒童由於出現了不良行為和不良感受，影響到兒童的人際交往和自我判斷，父母可以從如何認知自己與

第五章　兒童的複合情緒

他人、如何合理比較的角度幫助兒童調節此時的負面感受。

　　自豪是自我意識情緒中一種具有正面良好感受的情緒。當人們獲得了某種成功，並且認為這種成功是自己的某種具體行為促成的，就會感到自豪。這裡有兩個自豪產生的要素：首先這是一件好事，事情的結果會帶來一定的聲望和好處，同時，自我評價指向正向的部分。自豪與任務的難度有關，如果兒童參加了一個十分嚴格的競賽，經過層層選拔，一路過關斬將，最後獲得了第一名，那麼兒童會感受到強烈的自豪感，但是如果這個競賽賽制簡單，獲獎名單是隨機產生的，甚至是人人都有獎勵，那麼兒童就不會有自豪感。如果兒童對自己的能力認知是遠遠超出這個比賽要求的，那麼兒童的自豪感也會很小。另外，如果兒童對這個比賽的內容並不感興趣，自豪感也會降低。研究人員發現自豪和自信有很大的相關性，如果兒童在具體的事件中獲得了自豪感和成就感，在進行其他事情的時候成功率也會增加。當兒童在正面評價自我的同時，對他人採取了負面評價，自豪就轉變為自大。自大並不是成人養育者期待看到的兒童表現。父母期待兒童能夠對自己的成就產生合理的正面評價。自豪受社會文化影響，在強調集體和合作的團隊中，能夠為集體帶來榮譽的自豪是備受推崇的。當兒童在運動會上為班級贏得了長跑的第一名，可能會比兒童自己的興趣特長獲得獎項的自豪感更強。

　　自我意識情緒隨著兒童自我的發展，主觀感受會有所不

第五節　自我意識情緒—誰才最了解我

同，因此關於自我意識情緒的調節策略主要集中在認知調節的方面，即更客觀、更準確地認知自己，處理自己與他人的關係。首先，合理認知自我。兒童透過他人的評價、父母的態度，建立關於自己的概念。但是他人的評價並不完整，父母的態度有時也不夠客觀。當兒童對自己出現誤判，就會陷入自我意識情緒的不良感受中。心理學中認為每個人的自我由四個部分構成：公開的自我、盲目的自我、祕密的自我和未知的自我。公開的自我是自己很了解、他人也很了解的、比較公開透明的自我，兒童表現在所有人面前的特點就是公開的自我，比如，性別、年齡、學校、愛好等，這些是兒童不需要隱藏，也無法隱藏的自我內容。盲目的自我是他人能夠發現但是自己並不清楚的部分，通常是兒童不經意的習慣和行為傾向，可能是優點也可能是缺點。通常父母、教師和親密的朋友會發現，而且當告知兒童的時候，兒童常常是訝異和懷疑的。當兒童陷入自我羞愧、內疚和嫉妒的時候，尤其需要讓他們發現盲目的自我。此時的告知要有理有據。有時父母根據兒童的某種行為就斷定兒童的想法，認為兒童是不適應環境的，或者是衝動的，也有可能是誤解。所以關於兒童盲目的自我的探索需要避免將虛假的以為錯當成了兒童的特點。祕密的自我是只有兒童自己了解、他人並不了解的部分，屬於兒童的隱私和祕密。每個兒童都有祕密，適當地保留一些祕密有利於兒童的心理健康。祕密並不一定只能自己知曉，兒童常常和不同的朋友之間交流不同

第五章　兒童的複合情緒

的祕密，這就增進了兒童的人際親密。但是如果兒童心中堆積了太多的祕密，會阻礙兒童的人際交往。因此可以適當鼓勵兒童為不同的祕密尋找相應的分擔對象。未知的自我是自己和他人都還沒有覺察到的自我，是在特定情境下可以激發的特質，需要經過一定的練習可以展現出來的自我。父母習慣了管理兒童的日常，在一定程度上限制了兒童的探索。有很多鼓勵兒童嘗試的方法：去遊樂場的時候，由兒童導航，選擇公車路線並區分不同的停靠站；出門旅行的時候，由兒童規劃某天的行程；讓兒童管理一個月的家庭支出等等。為了更全面地認知自我，兒童需要增加公開的自我，減少盲目的自我，適當保留祕密的自我，探索未知的自我。其次，悅納自我。不論兒童的優點、缺點如何，情緒調節的能力如何，都要能接納和包容自我。畢竟兒童還處於成長階段，認知、思維、喜好都還在變化中。有一位心理學家小的時候因為搬家，覺得自己和新學校的同學喜好差異很大，所以很長一段時間沒有交到朋友，她並沒有急於改變自己，而是依舊專注於自己的愛好，保持自己正常的學習和生活，直到她升上中學，有了新的興趣，同時也結交到了新的朋友。因此她告訴家長們，兒童的成長與變化不是朝夕可見的，完全地接納他，接納自己現在的階段，更有利於兒童的健康。最後，探索和重塑。兒童走在成長的道路上，設定的目標和對自己的期待會有不切實際的情況，鼓勵兒童的探索精神和堅持的毅力，慎用質疑。被父母或者他人告知自己適合做什

第五節　自我意識情緒—誰才最了解我

麼,能做到什麼,往往不被信服,也不一定準確,畢竟兒童還有未知的自我是沒有被發現的。

儘管兒童的情緒能夠細分成不同的種類,但是兒童的情緒感受向來是交織在一起的。不願去幼兒園,可能因為與父母的分離焦慮,可能摻雜了弟弟因此會獨占媽媽的嫉妒,可能有對新生活環境的不適應……儘管能夠總結出兒童行為的一般性特點,但是每個兒童都是獨立的、特別的存在,沒有任何情境是可以準確地預測兒童的情緒感受和認知評價是如何的。情緒自兒童出生就與兒童在一起,隨著兒童的知識增加、社會交往經驗累積以及自我認知的成熟逐漸穩定,並且可以調控,甚至幫助兒童面對困境,迎接生活的挑戰。直到兒童成年、老去,情緒依舊陪伴著兒童。情緒反映了兒童當下的感受,也努力展示出兒童的需求和渴求。認知兒童的情緒、學習調節情緒,從來不是要擺脫某種情緒,只是為了讓兒童更好地了解自己、了解他人,收穫一些與情緒相處的啟發。

第五章　兒童的複合情緒

第六章
情緒的特殊情況

第六章　情緒的特殊情況

第一節　突發性特殊事件中的情緒

　　7歲的強強經歷了人生第一場火災，鄰居家夜裡意外失火，其實強強並沒有真的看到大火，只是看到了強烈的紅光，就被父母帶著匆忙逃離了現場。當大火止住，脫離了危險，強強和父母暫時住在外婆家。接下來的幾天，強強白天沒有特別的反應，夜裡卻總是睡不好，有時窗外有車經過，車燈晃動，強強就會鑽進媽媽的懷裡。媽媽安慰強強危險已經過去了，但是強強依舊處於一種戒備的狀態，沒有辦法睡好。

　　在生活中，誘發情緒的刺激事件隨時發生。有時刺激事件是持續性的、出乎意料的，甚至是危險的，這會使情緒進入一種應激狀態。人們變得易怒，攻擊性增加；意志消沉，拒絕交流；持續性地焦慮，坐立不安，不能沉靜地做事；飲食、睡眠都受到干擾，原本的生活節奏被打亂。這些應激的刺激來源可以是自然環境變化、內在生理變化，以及造成心理損傷的事件。自然環境變化包括持續的炎熱、寒冷、噪音、潮溼、雷電等，儘管是自然環境變化，但是仍會引發人們的適應不良，尤其對於兒童，自然環境會引起兒童的焦慮與不安。一個生活在乾燥內陸的兒童，暑假和父母來到海濱小城遊玩，但是到了之後，天氣悶熱，氣溫遠遠超過原本生活的地方，住宿的地方很潮溼，被子蓋在身上溼熱難耐。這種生理上的不適極有可能引發兒童的不適應，兒童的興奮轉變為抱怨，甚至是暴躁。內在

第一節　突發性特殊事件中的情緒

生理變化主要是一種生理失衡，可能由藥物引起，也可能由外部環境引起。例如，兒童長期的營養不良、遭受身體虐待或者由於藥物治療導致生理上某種激素指標變化等。造成心理損傷的事件是引發應激情緒的主要刺激，例如，父母離異前的持續爭吵、經歷災害事故、父母的恐慌和焦慮、被告知要在短時間內完成同樂會的主持任務、學習壓力、升級考試失敗等。

　　這些刺激事件可以看作環境和自我向兒童提出的成長挑戰，生活中每天都有著不同的挑戰，兒童根據已經掌握的應對方式、目前的個性特點、對自我和他人的認知評價傾向、已經獲得的生活經驗、當前的生理和心理健康程度以及建立的社會支持系統等，面對和迎接挑戰。如果兒童能夠尋找到應對方法，則建立了良好的情緒調節機制度過成長的關卡；如果兒童沒有很好的應對策略，挑戰就成了應激刺激，甚至是危機事件。危機事件可能是家庭性的，如父母離異、家庭重組、有了兄弟姊妹、家庭經濟情況發生重大變化等；也可能是社會性的，如地震、海嘯之類的自然災害，車禍、火災、疫情等涉及某個參與群體的事件。應激狀態下的兒童常見的情緒性應激反應有狀態性的焦慮、憂鬱、恐懼和憤怒，它們干擾著兒童的行為和生活。應激情緒是人們在特殊刺激下的正常反應，只是誘發的情緒狀態和強烈程度讓人們不知道該如何調適。根據兒童遭受應激後的反應的程度，情緒變化特點可以分為一般適應綜合症（壓力）、急性應激反應和創傷後壓力症候群。

第六章　情緒的特殊情況

當人們面對生活的挑戰時，會本能地從生理和心理兩個方面尋找平衡與修復。修復的過程或多或少會對人們造成影響，心理學家稱為一般適應綜合症，也就是我們常說的「壓力」。本節中將其泛指為刺激強度較低，但是持續時間較長的壓力狀態。壓力是一個很形象的概念，當有一種力作用在物體上，物體會發生變形，看上去物體的某些部分被削弱了，但是物體會逐漸變形恢復，同時回擊這個力，力被反削弱。物體和力之間相互作用，最後達到一個新的平衡。這個力就是壓力。壓力和物體之間的作用，如同壓力和人們之間的博弈。生活中的壓力似乎無處不在，從兒童階段開始直到成年、老年，不論身在何方，壓力如影隨形。人們希望擺脫壓力，也認為兒童離開壓力才能無憂無慮地、快樂地生活。然而這是對壓力的誤解。關於壓力，雖然人們常常提到，卻還有很多不了解的內容，以下有關於壓力的描述，可以嘗試判斷一下，是對還是錯。

1. 人一旦有壓力的感受，首先一定會覺得神經緊張。
2. 只要你遭受到壓力，你就一定知道。
3. 長期的運動會減弱你抗拒壓力的能力。
4. 有壓力總是不好的。
5. 壓力會製造不愉快的問題，但不會置人於死地。
6. 打針、吃藥就可以控制壓力。
7. 離開工作單位時就會放下工作的壓力而不會把它帶回家。

第一節　突發性特殊事件中的情緒

8. 壓力只是心事，與身體無關。

9. 壓力是可以完全消除的。

10. 除非改變生活方式，否則你對壓力一點辦法也沒有。

　　上述關於壓力的描述，全部是錯誤的。人們有時並不會完全覺察到自己受到了壓力，壓力事件或壓力源並不都是生活中的負面事件，有的可能只是很平常的或者開心的事情，例如，獲得獎勵、考上了理想的學校、到鄰居家借個工具、即將去旅行等。壓力帶來的反應是多重的，首先在情緒方面，會產生悲傷、孤獨、絕望、內疚、憤怒等負面的情緒主觀感受；身體上會覺得筋疲力盡，提不起興趣，頭痛、肌肉痛；還會導致健忘、記憶力下降、注意力不集中；以及拒絕人際交往、睡不好、食慾變化，甚至做噩夢。壓力會降低身體的免疫力，導致生理的疾病。壓力並不會憑空消失，也不會只跟隨發生的情境，兒童出現了學習的壓力，不會因為放學回到家就立即輕鬆，放任不管會發展到更嚴重的生理和心理問題。

　　其實不僅我們在主觀意識上想要抗衡壓力，生理層面也做好了準備。研究發現，壓力到來時，人們會經歷三個階段的生理層面的應對。首先是警覺階段。這個階段比較短暫，是交感神經系統自主發生生理喚醒和準備，迅速地調整生理狀態是為了應對壓力，是防禦的狀態。其次是抵抗階段。一個較長的中等程度的生理喚醒，腎上腺素會調整分泌，呼吸加快、血糖

第六章　情緒的特殊情況

增加，充分調動生理內容應對環境變化。最後是耗竭階段。壓力刺激持續越久，身體因為消耗而透支，進入疲憊、倦怠的狀態，雖然抵抗還在持續，但是力量微弱。三個階段之間的持續時間和轉換時間無法預知，隨著人們應對壓力的策略以及與壓力抗衡的時間而有所不同。三個應對階段也表明在長期的壓力之下，身體是吃不消的。不同階段的生理喚醒和情緒的生理喚醒情況類似，因此，在不同的壓力應對階段，情緒也隨之變化。由此也證明了，持續的運動是壓力調節的有效方法，運動能夠促進生理喚醒，為抵抗階段提供更多的力量。當因為壓力感到全身痠痛時，適當地拉伸，舒展四肢，雙手張開，盡全力舉過頭頂，堅持5秒鐘，感受血液的快速流淌，以及之前提到的放鬆訓練、有氧運動，都可以很好地發揮作用。

　　整理兒童的壓力來源，主要有學業、升學競爭、人際交往、情感，以及隨著年齡增長後的生涯探索。有時壓力也是交織在一起的，可以主觀評估壓力的程度。選擇一個星期天，或者陽光正好的時候，或者晚飯後，和兒童一起聊一下最近的壓力有多大，如果用1～10評分，是哪個分數。壓力感是主觀感受，不要驚訝孩子的分數高過自己，也不必糾結自己的分數這麼高，怎樣幫助兒童緩解壓力。了解對方感受到的壓力指數，有利於理解對方的情緒和異常行為。「每個人都在承受壓力，我們一起尋找解決的方法吧。」父母的角色定位並不是無所不能，在兒童面前坦誠自己的難處，並不會降低在兒童心目中的地

第一節　突發性特殊事件中的情緒

位。這樣也能夠幫助兒童理解壓力是普遍存在的，有壓力其實是常態。一定的壓力有利於積極地投入工作中。如果完全沒有壓力，或者壓力很小，比如，兒童有 10 天的假期，但是作業只是需要背一篇七言絕句；或者剛剛接到一個專案，截止期限是一年之後；或者四年級的小學生需要完成 100 以內的數學運算；在假期和任務開始的時候一定是最輕鬆愉悅的。可是在這個時候，兒童和成人都不會積極地去完成任務，反而會覺得無聊，甚至抱怨、疲憊，無所事事。只有適當地增加壓力，減少假期，或者根據能力設定任務難度，這時兒童的創造力、解決問題的能力才能夠發揮到最好，而且會有對任務完成產生的成就感。當壓力過大，兒童很難找到合理的解決問題的方法，不斷地耗竭力氣和信心。因此，壓力調節的目的並不是將壓力指數降到零，而是減少到能夠處理的程度，或者說是適當的程度。只是這個適當的壓力很難把握。情緒感受可以成為一個判斷的依據，焦慮減緩了，憤怒可控了，憂鬱狀態也就適當緩解了。

因此，緩解壓力的另一個方法就是調整情緒到快樂和愉悅的正面感受，設想和感受壓力緩解後的輕鬆狀態可以增強信心，比如繪畫和傾訴，尋找一個信任的聽眾或者沉默的樹洞，觀看一些幽默滑稽的影片和演出等。在壓力中適當地恢復認知狀態，再判斷壓力情境，分析、找到解決策略。如果兒童是對壓力敏感的個性，其他兒童並不會在意的事件，都會成為他的壓力源，那麼不要擔心，可以恭喜他，他是一個壓力承受能力

第六章　情緒的特殊情況

較大的人，這是一個特別的能力。壓力感受因人而異，壓力事件隨處可見，壓力總是出現，別擔心，我們即使與壓力共處也可以很好地生活。

急性應激反應是指在遭受到突然的、急遽的、嚴重的應激刺激後，人們會在幾分鐘到1小時之內出現的短暫的心理異常狀態。這些劇烈的刺激包括嚴重的生活事件，如親人突然離世、嚴重的車禍、臨時的公開演講、破產、面試等；重大的自然災害，如火災、地震、海嘯等危及生命且親身經歷的事件；戰爭場面；以及隔絕的狀態。刺激的劇烈程度由當事人判定，同時也受到其心理彈性的影響。就像《儒林外史》中「范進中舉」故事裡的范進，科舉考試考了30多年，終於中了舉人，知道消息的時候瘋狂大笑，神志不清，就算摔進水坑也不知道疼痛，這就是典型的急性應激反應。只要兒童遭受到即時的強大壓力，就都會產生相應的反應。心理學研究人員發現在實驗中採用一些設定，也能夠讓兒童做出急性應激反應。研究人員要求兒童在沒有準備的情況下演講5分鐘，主題包括在新班級裡自我介紹，並講述自己做過的一件好事和一件壞事；講故事或者對一件不合理的事情做出解釋。然後完成4分鐘的心算（從2023開始，依次減去17）。10歲以下的兒童需要依次完成758減7的心算。在演講過程中，研究人員全程保持沉默，控制表情，不做點頭的回應，並且在兒童心算出錯的時候立刻打斷指出。在公共場所成為焦點是引起兒童尷尬的重要情境，強制性

第一節　突發性特殊事件中的情緒

的、臨時性的或者任務性的要求，會令兒童產生急性應激反應（有過相關訓練經驗的兒童除外）。

兒童的急性應激反應包括情緒和行為兩個方面。情緒方面，以焦慮、恐懼、憤怒、憂鬱、抱怨為主，有時還有大哭和狂笑，每種情緒並非同時發生，根據不同的情境以及兒童的不同認知評價，會有不同的情緒感受。但是每種情緒感受都很強烈，主觀感受和生理喚醒都處於一種即將失控的狀況。行為方面，會出現由於焦慮和恐懼交織的躁動不安，難以平靜，雙手顫抖，不能保持一個姿勢，做出多餘動作，無法安靜，注意力不能集中，有時甚至否認事件的發生，拒絕回憶等；出現攻擊性行為，透過釋放能量減少壓力感，兒童可能會摔打手邊的物品，對他人冷嘲熱諷，還有的兒童會大聲喊叫；出現有伴隨憂鬱情緒的無助感和拒絕幫助的傾向，緘默、發呆，失去反應；還會更加依賴成人，甚至原本可以做的事情也不去做，當巨大刺激出現在生活中，兒童一下子變成幼兒，需要父母隨時的安撫，自理能力降低甚至消失；以及做出轉換性的行為，越是臨近考試，越是控制不住地玩遊戲，不停地吃某一種零食等。

這些反應同樣適用於成人，兒童的傷害性經歷，尤其會成為父母的急性應激源。當在新聞中聽到某幼稚園的兒童遭受了虐待或者不公平的事情，幾乎所有的父母都會立即轉過頭詢問自己的孩子，最近在幼稚園有沒有發生什麼樣的事情。兒童與父母之間的情緒理解和共情連結總是很強烈，當父母正經歷

第六章　情緒的特殊情況

某種激烈的情緒時，兒童也會感知到，父母的焦慮和憂鬱同樣也會引發兒童類似的情緒。然而，也正是因為父母與兒童的共情連結，更加強化了兒童的反應。所以父母的理智與平和是緩解兒童應激狀態的重要保障之一。擁抱兒童，傳遞給兒童安全感。急性應激反應一般在 24～48 小時之內減輕，1～3 天消失，療癒效果也比較好。但是如果 3 天後兒童並未緩解，則兒童可能已經發展為創傷後壓力症候群，需要進一步的專業治療。

當兒童的應激情緒反應持續一週以上，導致兒童出現了長期的持續異常表現，可以推斷兒童出現了創傷後壓力症候群。有統計發現，約 25% 的兒童在經歷交通事故後，即使沒有受傷，也會出現創傷後壓力症候群；如果在幼年時期經歷了身體方面的虐待，約有 55% 的兒童會在成年後出現創傷後壓力症候群的症狀。在重大的災難性刺激事件中，兒童的角色可能是受傷當事人，可能是倖存者、目擊者，也可能受傷的當事人或者救援者是兒童的父母，這種直接或間接的經歷都會造成兒童異常的心理反應。此時兒童主要的表現有三個：①反覆發生闖入性的創傷性感受重現。兒童不受控制地回想刺激事件，不斷地接觸相關的物件，甚至反覆做與之相關的噩夢，嚴重的時候還會發生錯覺和幻覺。②持續性的警覺性增高。有睡眠方面的障礙，難以集中注意力，過分地焦慮、恐懼，容易憤怒，莫名地發火，當知道父母參與救災前線，24 小時關注新聞和消息，每小時都要和父母通話確保父母的安全等。③持續性的迴避。

第一節　突發性特殊事件中的情緒

避免參加與相關痛苦刺激有關的活動、接觸相關的物品，極力地拒絕回憶那段經歷，甚至會出現對某些片段的遺忘，有的兒童經歷車禍之後，只記得回來之後的事情，車禍當時的記憶是錯亂的甚至是空白的。他們不願與人交往，變得冷淡，即使父母已經回到身邊卻並不表現出開心，興趣愛好變少，甚至對未來也失去了希望。這些症狀並不需要同時都出現，根據專業的診斷方法，符合其中某些表現，持續時間超過3個月，並影響了兒童的正常生活，才會確定兒童出現了心理障礙。只是兒童的創傷後壓力症候群有可能在刺激事件發生一段時間之後才出現，因此需要身邊的親人給予更多的關注。

儘管此時的兒童出現的異常情緒和行為需要專業的臨床心理醫生與心理諮商師的幫助，但是父母和成人養育者也可以提供相應的支持。首先，為兒童提供安全的心理環境和生理環境，充分地陪伴兒童，讓兒童感受到成人的支持和力量；其次，和每一次的情緒問題一樣，引導兒童接納自己的情緒，每種情緒並無好壞之分，只是不同的理解角度導致我們有了不同的感受，這代表了我們對事件的看法，以及我們真實的感受；最後，嘗試相應的情緒緩解方法，運動、對話、傾訴、角色扮演等，與兒童一起尋找解決和調整的方法，並耐心地等待轉變的發生，相信並配合專業的療癒方案。

應激狀態下的情緒並不是異常的，只是我們對異常的刺激事件的正常心理反應。因此陷入困擾是因為力的相互作用，是

第六章　情緒的特殊情況

一個過程，從來沒有經歷過這樣的事件讓我們感到手足無措。不論我們的情緒因何而產生，它從來沒有惡意，只是在提醒我們被忽略的需求，為每個人提供成長的契機。

第二節　心理異常狀態中的情緒

　　為了更好地區分人們的心理狀態，心理學家將之劃分為心理正常和心理異常兩個範疇。心理正常的人在人群中約占95%，心理正常的人又可以劃分為心理健康和心理不健康兩個範疇。其中心理健康的人具有良好的環境適應性，能夠獨立處理和應對生活事件，心理不健康的人在情緒、行為和認知三個方面出現了一定的狀況，需要專業的心理諮商師和臨床心理醫生的諮商與診療。心理異常的人在人群中占據少數，屬於精神疾病範疇，需要配合藥物治療甚至住院治療，這時心理諮商師已經無能為力，只能求助於心理衛生中心和身心科。也就是說，能夠透過心理諮商師的訪談過程療癒的，是心理正常的類別中心理不健康的群體。心理諮商師通常會使用心理問題、心理障礙來描述這些人的困擾。由於心理學的概念常常出現在日常生活中，導致了很多的誤解和曲解。生活中人們常使用「神經病」描述某些極端的不可理解的行為，但其實「神經病」在臨床醫學中指代的是與神經系統有關的疾病，像神經衰弱、神經痛

第二節　心理異常狀態中的情緒

之類。「精神疾病」才是心理學與醫學界對人們情緒、行為、認知出現不同程度障礙的心理異常病症的統稱。人們排斥心理諮商，認為只有「心理有病」的人才需要尋求心理諮商師的指導。其實心理諮商包括障礙性諮商和發展性諮商，前者針對人們的不健康狀態，解除障礙和困擾，後者幫助人們更好地認知自己和開發潛能。每個人都會在工作和生活中遇到挫折與壓力，當陷入困境無法獨立解決的時候，人們會尋求各種幫助，心理諮商就是其中比較理智且專業的選擇之一。人們由於日常生活中大眾將這些心理概念附加了負面的偏見，所以產生厭惡情緒，這其實是一種諱疾忌醫。

在前面的章節中，所有關於情緒的分析和討論都在「兒童心理正常」的範圍內，但是兒童心理異常的比例理論上也占據5%左右。隨著社會文化的發展，越來越多的家長關注兒童的情緒和心理是否出現了異常。通常情況下，心理健康和心理不健康的狀態是一個動態的過程，隨著兒童的成熟，同伴關係、親子關係和社會支持情況的變化，而不斷起伏擺動。但是兒童心理進入異常範疇，有的可以透過臨床治療好轉，有的則要伴隨終生。由於心理異常而導致的情緒有著比較典型的表現，其調節需要父母和成人養育者藉助專業人員的幫助。根據精神疾病診斷標準，兒童的異常心理主要包括精神發育遲滯（智商低於69分）、言語與語言發育障礙、兒童在學齡早期出現的特定學校技能發育障礙（如閱讀障礙和計算障礙）、特定運動技能發育障

第六章　情緒的特殊情況

礙、兒童自閉症、過動障礙、品行障礙、特發於兒童階段的情緒障礙（如兒童廣泛性焦慮症和兒童恐懼症、兒童分離性焦慮症）等。接下來，筆者將主要分享幾種兒童異常心理狀態下的情緒特點。

兒童自閉症是導致兒童精神障礙的最主要原因之一，近年來伴隨著媒體報導和影視作品的傳播，成為成人養育者較為關注的內容。兒童自閉症是一種發育障礙，在兒童的行為方式、語言、人際交往和興趣方面有明顯異常的表現。通常在兒童3歲之前，就有比較明顯的表現，一方面是語言發育遲緩滯後；另一方面是缺乏人際交流的回應和能力，情緒反應很少。正常嬰兒在出生後的幾天之內就已經可以做出微笑的表情，並且在3～6週就能夠對母親或主要照料者回應主動的微笑。但是患有自閉症的兒童沒有高興的反應，也缺少對視，基本上沒有面部表情，肢體的動作回應也很少，甚至在5個月左右的時候，依舊沒有笑容出現。他們與同齡人幾乎不能交流和交往，即使語言尚未形成，也沒有牙牙學語的模仿和聲音，對父母的聲音也沒有反應。反而注意力和興趣有限，反覆重複某種動作，遵循一種沒有意義的規則或者儀式。人們常常會形容自己最近「很自閉」，用來表示對壓力造成的疲憊和興趣減退，家長有時也會對兒童在某個階段表現出的拒絕交流的情況，做出是否自閉的猜測。其實兒童的自閉症都是在兒童早期就已經呈現，在長大後才確診的兒童屬於智力正常、人際交往異常而未被在早期

第二節　心理異常狀態中的情緒

發現。患有自閉症的兒童大多智力發育遲滯，智力程度低於70分，只有少部分的兒童智力正常或具有某些方面的超常能力。智力正常的自閉症兒童也被稱為亞斯伯格症候群，他們由於智力正常，語言發育沒有障礙，在兒童早期的人際交往狀況常常被忽視，隨著這些兒童長大，他們不能理解和使用大眾的交往規則，什麼時候應該誠實地直接說出感受，什麼時候應該保持沉默，對於大量的訊息加工是淹沒式的，他們行為刻板，對邏輯異常敏感。

由於自閉症的最主要表現就是兒童不能理解他人的人際交往，因此這些兒童的情緒表現與成人養育者的已有經驗大相逕庭，也不會按照成人的期待進行回應。他們沉浸在自己的世界裡，令成人養育者手足無措。有時他們似乎在遊戲，如果成人加入進來，他們不會使用表情或者身體姿勢表示是歡迎還是排斥，只是在重複自己的動作，更加不會加入成人設定的遊戲情境中。父母期待能夠有方法將這些兒童治癒，但是現在的科學研究並沒有發現自閉症有效的治癒方法，目前的所有治療都是採取教育訓練的方法，長期的系統干預。患有自閉症的兒童，可以依據智力程度進行不同程度的行為訓練、情緒訓練和人際交往訓練，從而幫助他們完善自理能力，並且能夠從事一些簡單的工作。那些社交困難，刻板的、重複的行為會持續存在，但是及早的干預訓練能夠幫助兒童獲得獨立生活、學習和工作的能力。需要注意的是，並不是所有的自閉症兒童都具有一種

第六章　情緒的特殊情況

尚未被發現的獨特能力，部分媒體報導的只是極少數的自閉症兒童，儘管他們具備了某種能力，很多時候還是會因為社交困難和重複刻板行為而無法適應工作，更沒有機會施展自己的才能。這也許是一種美好的期待，但也是一種不合理的觀點。

　　常常與兒童自閉症相比較的，是兒童的過動障礙，也被稱為兒童注意缺陷過動障礙、過動症，這類兒童也是在 3 歲左右症狀明顯，他們智力正常，但是行為上常常動個不停，無法集中注意力，總是被細小的聲響吸引注意力，常常在對方還沒有說完的時候就回答，活動力過多，小動作也多，不能夠很好地自我控制。需要注意的是，兒童的過動障礙重點是注意力難以集中，並不是以動作的多少來決定。很多家長在要求學生專心讀書或進行某項學習任務的時候，兒童由於沒有興趣，卻又無力反抗，只能透過各種附加動作和行為轉移注意力，釋放和表達自己的想法。家長通常會擔憂此時的兒童是否患有過動症。這其實是由於大眾的曲解而導致的錯誤認知。兒童的過動障礙在嬰兒階段已經有一定的表現，如過分地哭鬧、不安寧，活動力過多。隨著兒童長大，他們越來越難以集中注意力，並控制自己的行為。他們一旦有了需求就必須即刻被滿足，行為衝動，做事情有始無終，常被其他的訊號吸引，如果有其他兒童在場，就常常對其干擾，並且動作笨拙，無法完成像是繫鞋帶或扣鈕扣這種精細的動作，情緒不穩定，對不愉快的刺激反應激烈、衝動、興奮、著急，學習成績差。可能很多父母對照

第二節　心理異常狀態中的情緒

這段描述發現自己的孩子就是這樣的,那麼請各位家長先深呼吸,關於症狀的診斷,在憂鬱情緒的部分曾有提及:需要注意兒童行為的持續時間,判斷客觀性和症狀符合程度。兒童的上述行為需要持續 6 個月以上,並且能夠與兒童的調皮、精力旺盛、特殊動機、品行障礙、焦慮狀態等其他身心問題區分,所有症狀在各種場合中的表現一致並滿足 4 項以上。如果各位成人養育者依舊做出同樣的判斷,就需要帶著兒童到專門的醫院繼續診斷。兒童過動障礙的原因目前沒有定論,關於其治療主要以藥物治療為主,很多感覺統合訓練在沒有藥物配合的情況下並不能很好地發揮作用,其診療需尊重醫生的建議。研究人員曾經在 2004 年追蹤了 236 例曾罹患過動障礙的兒童成年後的隨訪結果,其中約 20.8% 的患者症狀已經消失,約 72.9% 的患者有殘留症狀,而約 11.4% 的患者依舊具有注意缺陷過動障礙。兒童過動症對兒童最大的影響是在學齡期對兒童的學習造成不良後果,兒童的智力正常,但是無法很好地集中注意力,因此也無法適應學校教學模式,學習成績難以提高。

兒童階段發生的以焦慮、恐懼、憂鬱、強迫、悲傷等異常情緒為主的異常心理障礙,稱為兒童情緒障礙,這包括兒童廣泛性焦慮症、兒童恐懼症、兒童憂鬱症、兒童歇斯底里症等。當兒童的情緒反應脫離了現實刺激,伴隨著異常的行為和被損壞的社會功能,並且持續時間超過 6 個月,那麼需要對兒童進行專業的心理治療。兒童的廣泛性焦慮症的主要症狀就是兒童

第六章　情緒的特殊情況

的整日緊張和煩躁不安,並且這種緊張在兩種以上的活動和環境中表現一致。雖然知道自己這種焦慮沒有必要但還是控制不住,同時兒童在注意力、身體疲憊、睡眠等方面都出現症狀,情緒容易激動,容易引發哭鬧。兒童恐懼症是指對於那些兒童知道並無危險的事物,兒童還是無法控制自己而產生異常強烈的恐懼,會出現逃離的行為。兒童恐懼症有關於動物的恐懼、高空恐懼、學校等特定環境恐懼、流血恐懼、社交恐懼、廣場恐懼等,持續時間至少一個月。兒童時期的強迫症與成人症狀類似,包括強迫觀念和強迫動作,在青春期出現較多,包括強迫性回憶、強迫性聯想、強迫儀式動作、強迫數數、強迫檢查等。兒童歇斯底里症是一種軀體形式障礙,主要表現為兒童對身體失去控制。解離型歇斯底里症發作時,情緒爆發激烈,兒童哭鬧嚴重、臉色蒼白、大小便失禁,兒童會煩躁、摔東西、四肢抽動,甚至自傷,通常與周圍人的關注有關,並且發作後兒童會出現不同程度的遺忘。轉化型歇斯底里症發作的時候,兒童會出現四肢挺直、失聰失明、突然不能說話或者聲音嘶啞的症狀。兒童憂鬱症伴隨的是持久的、顯著的情緒低落,青春期發病率較兒童期多,兒童啼哭、失望、自我貶低、行動遲緩。兒童情感障礙狀態中的情緒表現與健康狀態下差異不大,只是出現了泛化,即使不是相關情境和相關刺激,也會引發兒童的情緒,使兒童處於異常狀態。這時情緒調節策略無法獨立發揮作用,需要專業的診療過程。由於心理狀態是動態變化

第二節　心理異常狀態中的情緒

的，父母需要根據兒童的症狀緩解程度，隨時發揮自己的力量，父母元情緒的作用更加突顯。

其實兒童的成長需要面臨很多挑戰，心理障礙和生理障礙一樣，都是兒童和家長不需要懼怕的一段經歷。如果成人養育者能夠把兒童的心理障礙與兒童的感冒現象放在天平的兩端，就能夠更加從容地面對兒童的成長和自己的行為。當兒童出現生理疾病，父母雖然會查閱資料，但是並不會自製藥物，然而當兒童出現異常的情緒和行為，父母在查閱資料和諮詢後，第一個想法卻是自己先試用一下。這與自配藥物替兒童治病是同樣的。當兒童感到飢餓，父母可以根據經驗和新的知識，選擇營養搭配的食譜。當兒童出現正常的情緒反應，父母可以根據自己的情緒調節策略和累積的書本知識，選擇合適的方法。

大眾對心理問題和心理疾病的理解與描述，讓成人養育者本能地排斥兒童的種種異常心理，尤其擔心替兒童貼上一個與眾不同的標籤，反而造成兒童的困擾。很多患上心理障礙的兒童，其痛苦情緒有時並不是來自異常心理狀態，而是因為旁人對他的差異對待。差異來自排斥和不認可。這些排斥是一種對表現形式完全的否定，他們不被尊重，無法獲得和維護權益。因為被診斷為某種心理障礙，所以被退學，所以其他的小朋友的家長不允許繼續與其交往互動，沒有相應的學習訓練機構，沒有工作的機會。當然這種情況會隨著社會的發展逐漸完善，已經有很多公益機構和基金會開始為不同狀態的兒童群體爭取

第六章　情緒的特殊情況

合適的教育資源。在這種排斥中，兒童雖然有負面感受，但是會透過制度完善而逐漸化解。還有一種排斥卻是兒童難以化解的，那是一種來自父母包裝成關愛的排斥。很多成人養育者排斥這種情況，認為雖然兒童的境況讓他們焦慮、著急，但是他們從不會把這些負面情緒展現給孩子，更加不會對孩子表現出任何的排斥和抱怨。那麼，這些成人養育者做了什麼呢？父母發現自己的孩子與大多數的孩子不同——他們有一些無法控制也無法解釋的重複行為，他們收集記錄一些完全無聊無用的資訊，他們無法保持足夠的注意力時間，所以不能很好地獲取課堂知識，他們對尖嘴的動物感到莫名恐懼，他們控制不住地對空曠的廣場感到開心。然後父母帶著孩子進行了診斷，並且開始了漫長的治療，並不斷告訴孩子：你會好的，你已經進步了。但是這些關愛都傳遞了一個訊息，就是這個異常的孩子錯了，他和別人不一樣，必須修正。然而自閉症兒童的刻板行為是會伴隨很久的，他們無法理解人際互動和無法停止小動作並不是主觀能夠控制的，這和大腦結構的變化有關，勸說的收效甚微。這些孩子錯了嗎？感冒的兒童就不是一個正常的兒童了嗎？所有的心理問題與心理障礙，心理正常與心理異常，都是心理學家區分了大多數人的行為之後的總結。因為和大多數人的行為方式相違背，所以難以適應大多數人，這個兒童就錯了嗎？所有的心理治療只是在尋找一個特別個體適應這個世界的新的方式，尋找一種平衡，只要這個個體能夠很好地工作、生

第二節　心理異常狀態中的情緒

活,不會對他人和自己造成傷害,社會功能正常,那麼即使他繼續一些特別的行為,也未嘗不可。各位父母和成人養育者在面對這些兒童時,只需告訴他們:不論你處於什麼狀態,我都無條件地愛你,陪伴你。

有位心理諮商師說過:「少數人嚴重的世界,跟多數人不同,這也談不上誰對誰錯。」有時候,兒童因為感知到父母那種期待自己的心情,自己卻無力做到,反而承擔了更多的痛苦。心理異常狀態下的情緒已經令兒童很痛苦,也令父母飽受很多負面的情緒,不妨彼此接納,包容對方的狀態,允許對方的行為和表現,從而緩解兒童附加的額外情緒,也緩解父母自己的壓力。

兒童期的情緒障礙通常不會延續到成人階段,只要運用合適的方法就可以得到較好的治癒。而且心理障礙與精神疾病之間沒有因果關係,並不存在患有心理問題,不及時醫治就會惡化轉成精神病,這與具體的症狀和病因有關。每個人都有罹患心理障礙的可能,每個出現心理異常症狀的個體也都可以恢復正常。在心理諮商診斷的過程中,有一個關於判斷是否患有精神疾病的「病與非病三原則」,用於判斷來訪人員的精神狀態。原則一,主觀反應與客觀世界相一致。如果現實中並不存在的聲音和關係被主觀意識報告出來,那麼就是不一致。原則二,內在精神活動的協調統一。遇到傷心的事情有悲傷的感受和悲傷的行為,遇到開心的事情有開心的感受和行為。原則三,人

第六章　情緒的特殊情況

格的相對穩定。除非是重大的事件刺激，否則人格是不會輕易改變的，如果沒有重大的事件發生，人格個性發生轉變則是異常的。這三個原則是診斷區分的一個參照，每一項中還會有具體的考量細則，畢竟有時人們的行為表現並不明顯。此外，還需要來訪者報告其對自己心理狀態的判斷，是否意識到自己有異常，如果來訪者完全違反了上述「三原則」，並且報告自己沒有問題，那麼就是失去了自知力，處於比較嚴重的精神疾病狀態了。這個原則在用來衡量他人的同時，也可以用於提醒自己。

第三節　人格特質與情緒

　　人格穩定性是心理健康的重要指標，心理學家相信不同的人格會影響人們環境適應過程中的態度、信念、情緒和行為，並且人格不會隨著不同的時間和不同的情境而改變。關於「我是一個什麼樣的人」的答案，一直是人們反思和追尋的中心。不同人格特質的兒童表現出不同的情緒和行為特點。古希臘醫生希波克拉底（Hippocrates）認為，根據人體中包含了幾種體液，每種體液結合的不同情況，都可以對應一種情緒和行為模式。因此，他將人類劃分為四種類型：多血質。這是一種開朗好動的氣質類型，這類人熱情、善於交際，興趣廣泛，情緒起伏變化較大，經常感受到快樂情緒，喜歡變化和富有挑戰的任務。膽

224

第三節 人格特質與情緒

汁質。這是一種直爽的氣質類型,這類人情緒起伏較大,但是不同於多血質,不僅常感受到興奮情緒,還容易被激怒,做事比較魯莽不計後果,雖然反應比較快,但總是粗心大意,目標感很強,有了目標就希望趕快實現,自制力比較差,不擅長耐心細緻的任務。黏液質。這是一種性情比較安靜、行動遲緩的氣質類型,這類人情緒起伏不大,恪守秩序,總是很穩重,不會輕易被激發情緒,也不輕易流露情緒,但是做事按部就班,缺乏靈活性,專注力較好,很少分心。憂鬱質。這是一種敏感的氣質類型,這類人喜歡獨處,沉靜羞澀,常常感受到悲傷的情緒,並且情緒較持久,行動上也比較遲緩,總是優柔寡斷,並且顯得不太合群,擅長處理細緻的任務。如果對照自己和兒童的行為、情緒,一旦兒童符合某種氣質類型,父母和成人養育者就能夠在某種程度上接納兒童的某些情緒反應。儘管這種人格的分類過於簡單,但是幾個世紀以來,它一直被人們使用著,甚至很多現代的人格理論也是在這個基礎上發展起來的。很多文學作品和影視劇中,依然可以看到其中的人物角色的塑造帶有這四種類型的典型特點。但是人類群體眾多,還有一部分兒童的人格特質同時包含了兩種氣質類型。

因此,心理學家提出人格不能簡單地以類型劃分,而是從人格的結構角度區分,人格由一些連續的維度構成,即特質。特質不是有或無,而是多或少。心理學家高爾頓・奧爾波特(Gordon Allport)將人們的特質分成共性和個性兩類,共性是受

第六章　情緒的特殊情況

到社會文化的影響群體所表現出來的特質。例如，某個地域內人們的共同特點，或是某所學校或社團內的共同行為準則。個性是每個人所表現出來的獨特的特質。個性可以進一步分成首要特質、中心特質和次要特質。首要特質是每個人最典型的行為特點；中心特質是5～10種重要的穩定特質；次要特質是只有在特殊情況下才會表現出來的特質。就像有的兒童有著流暢的語言表達能力和豐富的知識，可以在朋友面前從容應答，但是在與大多數人交往的時候沉默害羞。這樣的人格描述，包含了所有人的特點，也能夠解釋為什麼有時父母和教師觀察到的兒童的行為並不一致，甚至展現出不同的人格特質。因為兒童的環境適應能力，他們在學校會遵循校園群體的文化和制度，在教師面前主動做事，樂於承擔責任，而在父母面前卻撒嬌偷懶。有時並不是兒童不具備情緒調節能力和自理能力，只是因為這是在家庭的環境中。這是由於兒童的不同特質在幫助兒童適應不同的環境。為了進一步明晰人格特質的具體內容，研究人員們透過實驗和運算，得到了具體的特質因素。

心理學家漢斯·艾森克（Hans Eysenck）用因素分析的方法，總結出人格的三個維度是內外傾性、神經質和精神質。這不是艾森克劃分的人格類型，而是表示人們的行為和情緒是三個維度的結合，只是程度不同而已。內外傾性維度上，靠近外傾性的是活躍、樂觀、開朗、善於交際，靠近內傾性的是安靜、被動、保守、謹慎。艾森克將內外傾性維度上的行為放置

第三節　人格特質與情緒

在一個連續的閉環中,那些穩定而外傾的特點對應前文的多血質,穩定而內傾的特點對應黏液質,不穩定且外傾的特點對應膽汁質,不穩定且內傾的特點對應憂鬱質。在內外傾性維度的這條線上,人們都會表現出這些行為,只是程度不同而已。所以內向的人也會有合群的時候,也會做出某些冒險的事情,外向的人也會表現出鎮靜和平和。神經質維度代表了情緒的穩定性程度。趨向於穩定方向的人反應緩慢,容易恢復平靜,趨向於不穩定方向的人容易激動,甚至會出現喜怒無常的表現。這部分維度受到神經系統的影響。神經質維度與內外傾性維度相互結合,精神質維度則相對獨立。處於得分高的一端的特點是不關心他人,缺乏情感反應,共情能力較弱,攻擊性比較強。處於得分低的一端的特點是溫柔,容易被說服,多愁善感。同樣地,每個人都具有精神質的特點,只是程度不同。這個維度的得分並不直接指向是否患有精神病,不過與異常行為之間的關係密切。1975 年,艾森克編制了人格問卷,用於測量成人與兒童的人格特質。問卷中除了包含三個維度的題目,還包含一個測謊維度。成人問卷適用於 16 歲以上的群體,兒童問卷適用於 7 ～ 15 歲的兒童。

　　近年來,研究人員們進一步完善人格特質理論,得到五因素模型,也叫大五人格理論。這五個維度分別是外向性、親和性、盡責性、神經質和經驗開放性,每個維度的得分也是在一個單位內,分為高分段和低分段。外向性主要展現在與人接

第六章 情緒的特殊情況

觸的過程中,偏向於高分段的人精力充沛、健談、果斷、好交際,喜歡人多熱鬧,喜歡支配和指揮,喜歡冒險,容易感受到正面的、愉悅的情緒;偏向於低分段的人嚴肅平靜,不容易感受到正面情緒(並不代表容易感受到負面情緒),喜歡擁有自己的獨處空間,由於較少表現出熱情,並且有所保留,通常被認為是對人疏遠的。親和性表示人們對他人的態度,偏向於高分段的人信任他人,樂於合作,有同情心,願意提供幫助;偏向於低分段的人冷淡,不願信任他人,憤世嫉俗,對他人充滿懷疑,剛愎自用,喜歡炫耀,具有攻擊性,更關注公平而不願考慮他人的感受。盡責性展現在調控自身衝動方面,以及意志和動機方面。偏向於高分段的人做事效率高,喜歡制定計畫,有良好的條理性,遵照規則,目標感很強,富有為了目標克服困難的毅力;偏向於低分段的人做事拖延,容易退縮,愛空想少行動,常半途而廢,做事輕率馬虎,懶散健忘,不認為自己能夠很好地掌控自己的生活。經驗開放性與人們的創造力、認知風格有關,偏向於高分段的人想像力豐富,充滿了奇思妙想,注重內心的感受,喜歡嘗試新鮮的事物,求知慾和好奇心都很旺盛,對藝術具有一定的敏感性,不願服從,喜歡沒有秩序的狀態;偏向於低分段的人喜歡實做,對環境不敏感,情緒感受的範圍也比較窄,很少感知自己的情緒,也很少坦率表達情緒,喜歡熟悉的、固定的生活方式,比較保守,接受順從。神經質處於不穩定一方時,人們比較容易感受到負面情緒,並且

第三節　人格特質與情緒

情緒反應強烈，自身的情緒調節能力較弱，面對壓力和危險時容易緊張與不安，脾氣暴躁，容易遭受打擊，也容易發火，時常感到內疚、悲傷、孤獨和失望；處於穩定的一方情緒比較平靜，面對突發事件時也較少地表現出情緒反應，常常表現出滿足的狀態。

曾有大學教授整理了兒童青少年人格發展的研究，並透過多年研究確定幼兒的人格由五個維度構成，分別是智慧特徵、認真自控、親社會性、情緒穩定性和外向性。小學生的人格維度與幼兒相同，只是每個維度的具體特質略有差別。智慧特徵維度包括聰慧性、探索創新、文藝興趣、自主進取四種特質，其中文藝興趣特質在幼兒階段比較明顯，而在小學階段消失。認真自控維度幼兒展現出認真盡責、攻擊反抗和堅持自制三種特質，小學生則還會新增計畫有序特質。親社會性維度包括同情利他、合群守禮和誠實知恥。情緒穩定性維度包括暴躁易怒和敏感焦慮。外向性維度包括精力充沛、樂觀開朗、善於交際三種特質。

當理解了兒童的人格特質，就能夠更容易理解兒童的情緒反應的穩定性，並且從科學的角度進一步認知兒童的情緒，兒童會有某些激烈的、持久的情緒反應，這些構成了兒童的個性特點。俗話說，不能頭痛醫頭、腳痛醫腳，因為疼痛的部位並不一定是病症的原因，只是病症的表現。兒童的情緒也是如此。兒童的情緒雖然都源於誘發事件，但是兒童會感受到何種

第六章　情緒的特殊情況

情緒，情緒將如何持續，與兒童的心理健康狀態有關，也與特殊情況有關——經歷事件的突發嚴重程度以及心理異常情況。情緒的另一種特殊情況，就是這是兒童穩定的行為傾向，是兒童的人格特質。如果面對兒童的情緒只有一種理解角度，單一地使用調節策略，只會讓家長和兒童不斷地遭受挫折。關於兒童的人格研究有很多進展，媒體中也多有報導，譬如，比較流行的九型人格、MBTI人格測試、性格色彩、星座、血型等，如何判斷和選擇最準確的人格測試與人格理論呢？筆者的建議是參照第二章第五節情商量表選擇的標準，考察量表的信度、效度，並且查詢詢問量表的使用範圍、常模分數。科學不以主觀感覺的準與不準衡量，而是以可證偽性和資料證據衡量。很多關於兒童的理論和測量，如果只有個別案例的舉例證明，卻沒有客觀可重複的驗證性資料，那就只是一種理論假設，還需要進一步的檢驗才可以。不過，社會心理學家已經證明星座和血型所推測的人的行為與情緒特點是不可信的。心理學家將星座的名稱隱去，然後把描述傳給參與實驗的人，每個人都認為這是對自己的描述。心理學家故意將一份錯誤的人格分析傳給某個實驗參與者，在其報告分析很準確的時候，告訴他工作失誤，重新將正確的傳給他（其實仍然是錯誤的），實驗參與者依舊會在一段時間的自我觀察中認為這是準確的。比較每個星座的性格描述，不難發現這些都是籠統的描述，人們會在這些籠統的描述中尋找到與自己行為一致的部分，而認為這是準確

第三節　人格特質與情緒

的，這是一種巴納姆效應。所以，為了更好地探查兒童或自己的人格特質，還需要依據更多的客觀資訊。

如果從人格塑造的角度看待兒童的情緒，那麼培養完整人格的同時就是在培養兒童的情緒調控能力。已有研究人員發現，嬰兒階段就已經表現出一定的行為和情緒特點，在幼兒和小學階段，兒童的人格特質有著不同的發展速度，但是在 5 歲左右，兒童的人格便已經開始形成。在兒童成年之前，人格不斷地完善，結合他人的回饋，自我的成熟，以及青春期生理和心理的雙重動盪，要在 20 歲左右才會逐步穩定。心理學家艾瑞克森提出不同年齡階段兒童人格發展的心理需求，他認為兒童只有完成這個階段的心理任務，才能獲得完整同一性，核心心理任務的失敗會影響兒童的一生。

出生到 1 歲，核心衝突是基本信任和不信任。主要在嬰兒與父母的互動中實現，當嬰兒表達飢餓、寒冷的需求，父母出現的及時和互動的溫馨程度，都會對兒童的人格形成產生一定的影響，這個階段兒童在人格中形成希望的特質，當兒童建立良好的信任感，兒童會信任自己和他人，樂觀，內在產生好的感覺；如果兒童建立的是不信任，那麼兒童會對自己和他人產生悲觀與不信任。

1～3 歲，心理衝突是自主對羞怯。主要體現在兒童有意識地主動決定做什麼或者不做什麼，這個階段的兒童具有了行動能力和語言能力，他們開始不斷地嘗試和觸碰。這是一個父母

第六章　情緒的特殊情況

與兒童建立行為規範、繼續自我控制訓練的時候，兒童自己吃飯，獨立上廁所，形成良好的行為習慣。父母此時教會兒童危險與安全，要鼓勵兒童的自主行為，又要控制兒童的任性，對父母來說是一場挑戰，但是兒童會在這個階段形成人格中的意志特質。如果兒童很好地度過這個衝突，將獲得自主性，形成自我控制能力；反之，兒童羞怯、懷疑、刻板嚴厲，過於關注自我表現，缺乏自主性。

3～6歲，心理衝突是主動對內疚。此時父母的任務是對兒童的探索行為表達鼓勵和支持，讓兒童的主動行為獲得成功的歡樂，當兒童的主動感超過內疚感時，兒童形成追求有價值的目標的勇氣，這種主動性促使兒童形成責任感，對自己的未來具有方向性和目的性。如果衝突沒有被消除，兒童就會逐漸失去信心，甚至會產生對自己的目標與成就的愧疚感。

6～12歲，心理衝突是勤奮對自卑。這時的兒童已經進入學校學習，學習任務成為兒童衡量自己的重要標準。如果兒童順利地完成課堂學習就會獲得動力，否則持續的學業失敗會使兒童產生自卑感。當動力大於自卑感，兒童認為自己是有能力的，能夠完成工作；當自卑感大於動力，兒童認為自己是無能的，會在人格中發展出自卑。

12～18歲，心理衝突是統一性對角色混亂。這時的兒童進入青春期，開始思考自我，思考自己在他人和團體中的角色、位置、形象。如果在這個階段能夠尋找到自己與環境的平衡，

第三節　人格特質與情緒

就可以獲得內在的一致性，對自己產生良好的認知。如果尋找不到這個平衡，則會對團體和他人產生懷疑與排斥。因此，這個階段的兒童更加關注負面的訊息，隨時都在質疑，父母需要協助兒童用更全面的觀察和反思視角來看問題。

參照兒童每個年齡階段的心理發展任務，幫助兒童應對衝突的過程就是塑造兒童人格的過程，也是父母的養育過程。艾瑞克森認為兒童的幾個發展階段是一個相互連結的整體，上一個決斷心理衝突完成的情況影響下一個階段的任務，並在整體上對人格產生影響。家長的養育和學校的教育影響兒童是否能夠順利度過每個階段。

人格不僅受到後天教育的影響，心理學家還發現，人格特質具有一定的遺傳性。觀察統計雙胞胎之間的大五人格特質，會發現同卵雙胞胎在人格特質上比異卵雙胞胎更相似，相關係數達到同卵雙胞胎 0.52，異卵雙胞胎 0.23（德國比勒菲爾德大學心理學家 1997 年研究結果）。這表明，遺傳基因更接近的人之間，人格更相似，人格特質是具有一定的遺傳性的。事實上，實驗發現大五人格的每一個特質都具有遺傳性。這也解釋了，為什麼子女不僅在相貌上與父母相似，在性格、脾氣上也有一定的相像。這不是兒童在成長過程中學來的，而是兒童透過遺傳基因得到的。但是子女的性格中也有一個部分與父母並不相同，甚至完全相反。這表明兒童的人格還受到環境和人際交往的影響。對於遺傳的部分，父母和成人養育者無法控制，

第六章　情緒的特殊情況

但是對於受到環境影響的部分，就是父母不斷傳遞給兒童的回饋，以及分享的人生經驗。這份人生經驗中有關於世界的知識，有社會的規則，還有情緒調節的策略。情緒是兒童的心理活動之一，每個獨立個體的內在心理活動都是同時運作的。兒童的情緒調節離不開兒童的個性、人格、對世界的態度。情緒調節是為了讓兒童更好地處理自己與環境的關係，更好地適應，更好地交往與學習，當兒童獨立面對未知的挑戰時，內心充滿信心和力量。換而言之，就是讓兒童不論在何種時間、何種空間，都擁有穩定的、適應的、有助於成長的穩定行為和情緒。情緒調節的最終目的是實現兒童人格的完善。

結語

　　當人類接觸客觀事物，所產生的態度感受和相應的行為反應就是情緒。情緒屬於心理活動之一。心理學透過對人類行為的觀察、描述，尋找背後的原因，以期達到控制和預測心理活動，從情緒的理論、分類、發展階段、調節策略，到與情緒有關的特殊情境，成人與兒童都在嘗試運用這些知識和經驗實現對情緒的控制。而這些經驗和實驗結論表明人們確實已經實現了對情緒的部分控制。控制是人們一直採取的行為，控制感也是人們重要的內心感受。一旦失去控制，失去秩序，人們的心理也難以保持常態。心理諮商中有一個策略就是幫助來訪者獲得控制感，伴侶的不理解、父母的不可溝通、孩子的不聽話、同事的不配合、時間的不停留……這一切的失控導致了我們的焦灼。而透過一些知識、經驗、計畫，使生活和工作按部就班，歸於秩序，內心也會歸於平靜。兒童情緒心理學雖然是一個心理學的研究範疇，但是每一個研究進展都與兒童的成長息息相關。父母和其他非心理專業的成人養育者願意接觸這些建議，也是期待能夠減少兒童成長教育指導的失控感。成人在面對兒童的時候，最擔心的就是束手無策。儘管書中的分享包含了很多應對兒童情緒的實施方法，但是方法並不是最重要的，方法背後的出發點、道理和觀念更加重要。只有掌握了科學的

結語

兒童觀和情緒觀，才能真正地獲得控制感。在協助兒童認知情緒、調節情緒的過程中，父母的控制感來自對情緒相關知識的掌握和運用，並非來自對兒童情緒反應的掌控。希望本書內容的分享可以成為各位父母和成人養育者處理兒童情緒的參照策略。兒童情緒調節的目標指向未來，父母獲取兒童情緒知識的目標同樣也指向未來。祝福各位，當有一天面對完全未知的兒童狀況時，依舊有信心處理和面對，依舊勇於並樂於與兒童一起嘗試、一起成長。

國家圖書館出版品預行編目資料

航行情緒海洋，與孩子共渡心靈成長：情緒像雲霄飛車，控制好方向才能暢通無阻，在孩子成長的路上，家長的角色至關重要 / 呂建華 著. -- 第一版. -- 臺北市：崧燁文化事業有限公司，2024.09
面； 公分
POD 版
ISBN 978-626-394-888-4(平裝)
1.CST: 兒童心理學 2.CST: 情緒教育 3.CST: 親職教育
173.1　　　113013819

電子書購買

爽讀 APP

臉書

航行情緒海洋，與孩子共渡心靈成長：情緒像雲霄飛車，控制好方向才能暢通無阻，在孩子成長的路上，家長的角色至關重要

作　　者：呂建華
責任編輯：高惠娟
發 行 人：黃振庭
出 版 者：崧燁文化事業有限公司
發 行 者：崧燁文化事業有限公司
E - m a i l：sonbookservice@gmail.com
粉 絲 頁：https://www.facebook.com/sonbookss/
網　　址：https://sonbook.net/
地　　址：台北市中正區重慶南路一段 61 號 8 樓
8F., No.61, Sec. 1, Chongqing S. Rd., Zhongzheng Dist., Taipei City 100, Taiwan
電　　話：(02) 2370-3310　　傳　　真：(02) 2388-1990
印　　刷：京峯數位服務有限公司
律師顧問：廣華律師事務所 張珮琦律師

-版權聲明-
本書版權為樂律文化所有授權崧燁文化事業有限公司獨家發行電子書及紙本書。若有其他相關權利及授權需求請與本公司聯繫。
未經書面許可，不得複製、發行。

定　　價：330 元
發行日期：2024 年 09 月第一版
◎本書以 POD 印製
Design Assets from Freepik.com